딱 **1년**만

미치도록

읽어라

딱 1년만 미치도록 읽어라

이주헌 지음

미다스북스

PROLOGUE

삶을 바꾸는 독서, 자기계발 독서!

사람들은 자신의 삶을 바꾸고 싶어 한다. 성공한 사람들, 부자들을 부러워한다. 더 나은 삶을 바라고, 자신의 삶 또한 더 나아지기를 바란다. 나 역시 그랬다. 나는 고등학교 3학년 때, 지독한 외로움에 시달렸다. 집과 학교가 멀어 학교 근처에서 자취를 시작했다. 그리고 마침 그때 1년을 만나던 여자 친구와 헤어졌다. 1년간 친구들과 어울리지 않았던 나는 친구들이 나를 싫어할 것이라고 생각했다. 나 스스로 친구들과 거리를 두고 높은 벽을 친 것이다. 학교에는 친구들이 많이 있지만, 나는 그 친구들에게 다가갈 수 없었다. 두려웠기 때문이다. 친구들이 다가와도 마음의 문을 열지 못했다. 친구들과 다시 친해지기가 겁났기 때문이다. 하지만 이를 극복해야 함을 깨달았고, 답을 찾기 위해 독서를 시작했다.

그렇게 고등학교 3학년 때부터 시작한 독서는 점차 내 인생을 바꿔놓았다. 처음에는 유머에 관한 책을 읽기 시작했다. 1, 2학년 때, 유머로 인기를 얻었다고 생각했기 때문이다. 그러다가 자존감이라는 단어를 알게 되었다. 나는 자존감이 부족한 사람이었다. 그래서 자존감에 대한 책으로 주제를 넓혀 읽었다. 그리고 자존감에 대한 책들을 읽다 보니, 자기애에 대해 알게 되었다. 나는 나를 사랑하고 싶었다. 아니, 사랑해야 했다. 그리고 나를 사랑하기 위해 자기계발서를 읽기 시작했다. 마침 나는 대학생이었고, 우리 학교에는 도서관이 있었다.

도서관에는 고등학교 때와는 차원이 다른, 많은 책이 있었다. 고등학교에는 도서관이 없어서 근처 서점에 가서 책을 사서 읽곤 했다. 그러나 고등학생의 용돈은 한정되어 있고, 자취를 했기 때문에 쓸 수 있는 돈은 더 한정적이었다. 그래서 한 권 한 권을 신중히 골라 읽었다. 그래서 책을 더 깊이 읽었다. 거기다 목적이 뚜렷했기에 그 시절 나의 책 읽기는 더 나를 성장시켰다. 그렇게 고등학교 시절을 보냈고, 이후 대학교 도서관이라는 천국이 나를 맞이했다.

대학교 도서관은 정말 천국이었다. 도서관의 책들은 종류도 다양하고 권수도 많았다. 검색도 쉬웠고 원서도 있었다. 그리고 도서관 안에서는 책을 빌리지 않고도 무제한으로 읽을 수 있었다. 거기다 집으로 빌려갈 수도 있었다. 빌릴 수 있는 책은 한 명당 5권까지였다. 하지만 나는 더 많은 책을 빌리고 싶었다. 그래서 친구에게 학생증을 빌려서 책을 빌렸다. 지하철로만 2시간이 걸리는 집까지 그 무거운 책들을 가져가야 했지만 행복했다. 책들을 읽을 생각에 가슴이 뛰었던 것이다. 처음에는 자존감에 대한 책들을 읽었다. 그리고 자기애에 관한 책들을 거쳐 자기계발서에 미치게 되었다. 나를 사랑하기 위해서였다. 그리고 그렇게 시작된 자기계발 독서가 지금의 나를 만들었다.

처음에는 나를 사랑하고 싶어 필사적으로 읽었다. 하지만 도서관에 책이 많다 보니 점점 재미로 책을 읽어나갔다. 재미있는 책들을 읽었다. 자기계발서도 재미로 읽었다. 만약 그때에도 지금처럼 책을 읽었더라면 어땠을까 상상해보곤 한다. 하지만 그때의 독서가 지금의 나를 만들었기 때문에 후회는 하지 않는다. 재미로 읽었지만 그때의 자기계발 독서는 내게 큰 도움이 되었다. 내 의식을 조금씩 성장시켜주었기 때문이다.

자기계발이라고 하면 자격증을 떠올릴지도 모르겠다. 이력서에 한 줄을 더 남길 수 있고, 사회적으로 인정받을 수 있는 자격증 말이다. 하지만 자격증을 따는 것만이 자기계발이라고 할 수 있을까?

토익 점수가 990점이라고 해서 외국인과 유창하게 이야기할 수 있을까? 토익이 990점이어도 회화 실력이 그 수준을 따라가지 못하는 경우도 많다. 물론 반대의 경우도 있다. 영어 회화 실력이 뛰어나도 토익 점수가 낮을 수 있다. 토익 문제를 푸는 방법을 모를 수 있기 때문이다. 자격증의 본래 목적은 실력의 측정이다. 하지만 본래의 목적이 변질되어 그저 시험을 잘 보는 방법을 공부하여 자격증을 따곤 한다. 그리고 자기계발을 했다고 한다. 자격증이 나에게 남았지만, 진짜 내 실력도 그만큼 올랐을까? 이렇게 하는 자기계발은 나를 성장시켜주지 못한다. 그래서 독서가 중요한 것이다. 독서는 내 삶을 바꿔준다. 나를 성장시켜준다. 가장 손쉽게 할 수 있는 자기계발 방법이다. 그리고 나는 독서를 통해서 성장했고, 내 삶을 바꿨다. 바로 자기계발 독서로 말이다.

이 책에는 여러분의 삶을 바꿀 수 있도록 내가 경험한 독서 경험과 노하우를 담았다. 1장에서는 내가 독서를 시작한 이유와 과정을 담았다. 여러분도 동기부여를 얻을 수 있을 것이다. 2장에서는 독서를 통해 내 삶이 바뀐 이야기를 담았다. 3장에서는 1년간 365권을 읽어 내 안의 변화를 이끌어낸 경험을 담았다. 그리고 4장에서는 내가 800권을 읽으며 깨달은 자기계발 독서법을 담았다. 5장에서는 이 책의 정리와 함께 당신의 마음을 움직여줄 응원의 메시지를 담았다.

나는 독서를 통한 자기계발로 나 자신과 내 삶을 완전히 바꿨다. 그리고 당신 역시 나와 같은 경험을 할 수 있다. 이 책이 당신의 인생을 바꾸는 데에 도움이 되기를 바란다. 당신을 응원한다. 이 책을 낼 수 있도록 도와주고 격려해준 가족과 여자친구, 그리고 친구들과 동기 작가님들께 감사의 마음을 전한다.

CONTENTS

PART 2 독서는 취미가 아니라 생활이다

PART 3 365권으로 완전히 다른 내가 되었다

PART 4 현실을 바꾸는 8가지 자기계발 독서법

PART 5 이제부터 삶을 성장시키는 독서를 하라

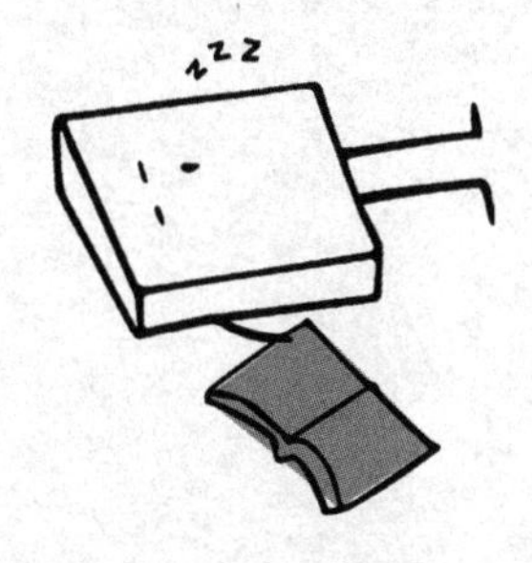
zzz

PART 1

독서에

자기계발을

더 했을

뿐인데!

CHAPTER 01

내가 독서를 시작한 이유

책과 함께 생활하면 영원히 탄식하지 않는다. – 로맹 롤랑

자취로 시작된 외로움

내가 처음 책을 읽기 시작한 건 고3 때였다. 나는 고3 시절 학교 근처에서 자취를 했다. 집은 인천이었고 학교는 안양이라 택한 결정이었다. 고2 때까지는 통학 버스로 통학을 했다. 우리 집은 통학 버스의 첫 정류장이었다. 그래서 탈 때는 가장 먼저 탔고, 내릴 때는 가장 늦게 내렸다. 가장 먼저 타다 보니 새벽 4시 반에 일어나야 했다. 그리고 10시 반까지의 야간 자율 학습을 마치고 집에 오면 보통 12시가 넘었다. 씻고 조금 쉬다 보면 어느덧 시계는 1시를 가리키고 있었다. 때문에 하루에 4시간 정도를 자면서 1, 2학년을 다녔다.

고등학교 3학년이 되며 시간과 체력을 안배하라는 부모님의 배려로 자취를 시작했다. 자취를 하며 나는 전보다 훨씬 많은 시간을 쓸 수 있었다. 학교까지 빠르게 뛰면 10분 이내에 도착할 수 있는 거리의 고시원을 구했기 때문이다. 하지만 그와 반대로 지독한 외로움이 찾아왔다. 고시원에 살아본 적이 있는 사람이라면 공감할 것이다. 고시원이 얼마나 외로운 곳인지 말이다. 고시원은 말 그대로 고시를 준비하는 사람들을 위한 방이다. 아직 수입이 없을 고시생들을 위한 방인 만큼 방세는 저렴하고 저렴한 만큼 시설은 많이 열악하다. 내가 묵던 고시원도 그랬다.

나는 키가 큰 편이 아니다. 170cm의 키에 어깨가 조금 넓은 편이다. 하지만 내가 있던 고시원은 그런 내가 묵기에도 비좁았다. 약 1평 정도 되는 공간에 침대와 책상이 다닥다닥 붙어 있나. 침내는 책상 아래에 들어가 있어 공간 활용을 극대화했다. 그래서 자다가 이불 킥이라도 하는 날에는 나는 책상을 걷어차게 되었다. 침대는 마치 나를 위해 짜놓은 관처럼 내가 누우면 크기가 딱 맞았다. 팔을 벌릴 공간도, 다리를 벌릴 공간도 없는 맞춤형 그 자체였다. 거기다 책상까지 붙어 있으니 더욱 갑갑했다. 방문을 여닫을 때에는 책상 의자를 넣어야 했다. 문을 여닫을 공간이 없었기 때문이다. 다행인 건 침대 바로 위에 창문이 있어 그 갑갑함을 조금이나마 해소해줄 수 있었다는 것이다.

야간 자율 학습이 끝난 후 그 좁은 방에 지친 몸을 뉘일 때면 지독한 외로움이 나를 덮쳤다. 고시원 옆방에는 중학생 시절부터 같이 공부해온 학원 동창이 같이 지내고 있었다. 그 친구와는 거의 4년 지기였다. 과외도 같이 들었고, 그 친구의 아버지가 운영하시는 노래방에서 주말 내내 노래도 부르며 놀곤 했다. 하지만 나는 그 친구에게 남모를 열등감이 있었다. 그 친구는 나보다 인기도 많고 공부도 잘했기 때문이다. 그러다 보니 나는 그 친구에게 마음을 활짝 열지 못했다. 그렇게 스스로를 더욱 고립시켰다. 그럴수록 내 마음속에는 외로움이 크게 자리 잡기 시작했다.

엎친 데 덮친 격으로 그때 1년간 만나던 여자 친구와도 헤어지게 되었다. 일방적 이별 통보를 받았지만 당시 나는 판단할 겨를도 없이 이별을 수락했다. 아마도 이별 통보를 받은 충격이 너무 커서 정신이 없었던 것 같다. 1년을 만나온 여자 친구이기에 이별의 고통은 더욱 컸다. 고시원에서 홀로 있으며 겪는 외로움과 이별의 고통은 나를 끊임없이 괴롭혔다. 학교 안에서도 상황은 비슷했다. 학교에서도 나는 스스로를 고립시키고 있었기 때문이다.

고1 시절 나는 반 친구들의 중심에서 분위기를 주도하며 웃음을 주는 것을 즐겼다. 친구들이 내 유머에 웃을 때면 그 기쁨은 말로 다하지 못 할 만큼 컸다. 그 순간순간이 너무나 행복했고, 그 때문에 나는 학교생활이 매우 재미있었다. 4시간밖에 못 자는 고된 상황에서도 말이다.

하지만 고등학교 2학년이 되어 여자 친구를 만나며 생활이 바뀌었다. 여자 친구는 내가 친구들보다 본인을 위해 시간을 쓰기 원했다. 쉬는 시간에도, 주말에도 본인과 시간을 보내기를 원했다. 친구들과 웃고 떠들며 기쁨과 행복을 얻어왔던 나였기에 친구들과 시간을 보내는 것이 너무 좋았지만, 나는 여자 친구를 따를 수밖에 없었다. 어쩔 수 없이 대부분의 시간을 여자 친구와 보내면서 내 마음속에는 친구들이 나를 싫어할 것이라는 생각이 뿌리내리고 있었다. 나 스스로도 갑자기 친구들을 멀리하고 여자 친구와 시간을 보내는 자신이 싫었기 때문이다.

그렇게 친구들을 멀리하고 지낸 지 1년, 여자친구마저 떠나버리자 나는 불안했다. 지난 1년간 멀리했던 이유로 친구들이 나를 싫어할 것이라 생각했기 때문이다. 그 때문에 여자 친구와 이별했음에도 나는 다시 친구들에게 돌아갈 수 없었다. 스스로 친구들과 거리를 두고 고립시킨 것이다. 몇몇 친구는 다시 내게 다가와주었지만, 나는 그 친구들을 반갑게 맞이할 수 없었다. 너무나 겁나고 두려웠기 때문이다. 친구들과 하루에 17시간 이상을 같이 지내며 부대꼈지만, 나는 친구들에게 마음을 열 수 없었다. 친구들에게 다가갈 수 없는 나 자신이 너무나 싫었다.

독서에서 외로움의 답을 찾다

고시원 생활에 이런 생각들까지 겹치자 고3 생활은 너무나도 힘들어졌다. 하루는 고시원에서 뒤척이며 잠을 못 이루고 있다가 '더 이상 이렇게 살 수 없겠다'는 생각이 들었다. 나는 다시 예전의 나로 돌아가기를 원했다. 다시 친구들과 관계를 회복하고 싶었다. 그래서 한참을 고민하다 근처 서점을 방문했다. 내 고민의 답을 찾기 위해서였다.

그 전까지의 나는 책과 거리가 먼 사람이었다. 심지어 서점도 초등학교 시절 문제집을 사기 위해 방문한 이후로 거의 첫 방문이었다. 하지만 그때보다 훨씬 더 절박했다. 내가 행복하게 살기 위한 답을 찾기 위해서 갔기 때문이다. 그래서 더 눈에 불을 켜고 책들을 하나하나 살펴보았다.

그때 나는 '유머'에 관한 책을 읽기로 결심했다. 예전처럼 웃기면 내 자신감도 올라가고, 친구들도 먼저 다가와줄 것이라 믿었기 때문이다. 그래서 유머에 관한 책들을 유심히 찾기 시작했다. 용돈을 받아 생활하고 있었기 때문에 한 권 한 권 책 제목을 살펴보고 신중히 책을 골랐다. 그렇게 한참을 뒤져 발견한 책이 바로 김진배 작가의 『유머가 인생을 바꾼다』였다.

이 책은 당시 내가 가장 필요하던 것을 주었다. 바로 자신감이다. 예전처럼 유머러스한 나로 돌아가기 위해서는 자신감이 필수라고 믿었기 때문이다. 그래서 더욱 필사적으로 읽었다. 책의 서문부터 유머 사례 하나

하나까지 상세히 읽어갔다. 상세히 읽어갈수록 내 안의 자신감은 조금씩 올라갔다. 예전처럼 친구들을 웃겨줄 수 있을 것이라는 생각이 들었기 때문이다. 그리고 자신감이 조금 쌓였을 무렵 나는 실전에 돌입했다.

책에 나온 유머들을 외우고 연습해 친구들에게 들려주기 시작했다. 그러자 예전과 같이 친구들이 웃었고 내 안의 고립도 조금씩 사라져갔다. 그렇게 내 고3 시절은 마무리되었다. 대학교에 입학하며 나는 새로운 친구들과 사귀고자 했다. 그래서 개강파티, 신입생 환영회 등 많은 모임에 참석했다. 하지만 나는 그 안에서 다시 고3 시절의 나를 발견하게 되었다. 다행히 마음 맞는 친구들이 생겼지만, 낯선 사람과의 관계를 극도로 두려워하는 모습을 발견한 것이다. 나는 조금만 어색해도 매우 경직되었다. 할 말을 찾아야 한다는 부담감 때문이었다. 그 때문에 고3 시절 조금 찾은 줄 알았던 자신감은 이내 다시 추락했다.

그리고 고3 시절 그랬던 것처럼 답을 찾기 위해 도서관으로 향했다. 도서관은 천국 그 자체였다. 고3 시절 방문한 그 서점보다 10배 이상 컸기 때문이다. 그리고 도서관의 규모만큼 정말 다양한 분야의 책을 읽을 수 있었다. 책 사이를 오가며 답을 찾기 위해 책을 고르는 그 순간이 너무나 행복했다. 한 권 한 권의 내용이 궁금했고 읽고 싶었다. 하지만 나는 자신감에 관한 고민을 하고 있었기에 그와 관련된 책을 읽었다. 그러다 자존감이라는 개념을 알게 되고 이 단어는 그 후로 내 인생에 커다란 영향을 끼치게 된다. 내 자신감의 부족이 낮은 자존감 때문이라고 믿었기 때문이다. 그래서 자존감에 관한 책들을 읽기 시작했다.

자존감에 대한 책들을 읽다 보니 자기애에 관심이 생겼다. 그리고 자기애와 관련된 책들을 읽다 보니 자기계발에 관심이 생겼다. 스스로를 계발하여 더 멋진 사람이 된다면 나를 사랑할 수 있을 것 같았기 때문이다. 당시의 나는 나 스스로를 있는 그대로 사랑하지 못했다. 항상 남과 비교했고, 스스로를 낮췄다. 나는 사랑받을 자격이 없다고 생각했고, 남들도 그렇게 여길 거라 생각했다. 나중에야 이런 생각들이 정말 잘못된 것인지 알게 되었다. 하지만 그 당시 나에게 이 생각이 잘못된 것인지 알려줄 수 있는 사람이 없었다. 오로지 책뿐이었다. 그래서 나는 미친 듯이 책을 읽어 나갔다. 통학시간이 2시간가량 걸렸기 때문에 통학하며 다양한 자기계발 서적들을 읽기 시작했다. 내 학생증으로 빌린 책 수가 초과했을 때에는 친구의 학생증까지 빌려 책을 빌렸다. 심리학, 시간관리, 목표관리, 동기부여, 성공학 등 자기계발 서적을 읽어 나갔다. 중간 중간 판타지 소설도 읽긴 했지만 내가 읽은 대부분은 자기계발 서적이었다.

그렇게 매일을 자기계발 서적들과 사투를 벌였지만, 자존감에 대한 고민은 멈추지 않았다. 그래서 도움을 얻고자 학교 상담센터를 이용하기도 했다. 하지만 역시 책만 한 것이 없었다. 그래서 결국 책으로 돌아왔고, 책에서 답을 찾기로 결심했다. 군대에 가서도 자존감에 대한 고민은 계속되었다. 그래서 군대에서도 나는 계속 자기계발 서적을 읽었다. 이때 읽은 책들만 해도 200권이 넘었다. 약 3년간 읽은 책이 200권이 넘은 것이다. 그렇게 나는 자존감에 대한 답을 찾기 위해 책을 읽기 시작했다.

CHAPTER 02

책을 읽는데 왜 변화가 없을까?

독서를 배우면 다시 태어나게 된다. – 루머 고든

실천이 없는 독서는 무의미하다

고등학교 시절 대인관계에 대해 고민하던 나는 답을 찾기 위해 책을 읽었다. 유머에 관한 책부터 읽기 시작했지만 점점 범위를 넓혀가며 읽었다. 시간관리, 화술, 목표관리 등 자기계발, 인문학 서적부터 판타지 소설까지 눈에 보이는 대로 읽었다. 주로 제목을 보고 재미있을 것 같은 책들, 그리고 내 고민에 답을 줄 것 같은 책들을 읽었다. 고등학교 때엔 학교 도서관이 없어 많이 읽지 못했지만, 대학생이 되니 학교 도서관에 책들이 넘쳐났다. 이때에 200권 가까이 책을 읽은 것 같다. 하지만 내 인생은 크게 바뀌지 않았다. 실천이 없었기 때문이다.

최근 강연 관련 프로그램이 인기를 끌고 있다. 세계적으로 유명한 〈TED〉, 그리고 한국에서도 이와 비슷한 〈세상을 바꾸는 15분〉라는 프로그램이 있다. 둘 다 성공한 사람들이 나와 본인들만의 노하우와 지식들을 전달한다. 그리고 이 강연은 청중의 마음에 뜨거운 열정을 심어주고 동기를 부여해준다. 어쩌면 당신도 이들 프로그램을 봤을지 모르겠다. 만약 보지 않았더라도 눈을 감고 상상해보자.

지금 당신의 마음속에 정말 존경하고 닮고 싶은 인물을 한 번 떠올려보자. 한국 사람이어도 좋고, 미국 사람이어도 좋고, 아프리카 사람이어도 좋다. 이곳 강연장에는 통역시스템이 완벽하여 어느 나라 말이든 한국말로 완벽히 통역해준다. 자, 눈 앞 강단에 *그*가 있는 모습을 상상해보자.

*그*가 오직 당신만을 위해 시간을 내어 찾아와주셨다. 간절히 만나길 바라는 당신을 보고 감격하여 찾아와준 것이다. 당신은 그에게 딱 한 가지 질문을 할 수 있다. 평소에 정말 고민이었던 질문도 괜찮다. 혹은 그 분에 대해 정말 알고 싶었던 부분도 괜찮다. 우리는 완벽히 계약하여 당신이 어떤 질문을 하더라도 그는 한 치의 가감 없이 진실로 답해준다. 그리고 그 질문을 받은 그는 당신만을 위한 강연을 시작한다.

15분 뒤, 강연은 끝났다. 당신은 그의 강연에 감사하기도 하고 감격스럽기도 하다. 가슴이 두근두근하여 심장이 터질 것 같다. 오늘은 뭘 해도 다 할 수 있을 것 같다. 그리고 이 감정을 느끼며 눈을 뜬다. 지금의 당신은 변하였다. 강연의 감동이 마음속에 남아 있기 때문이다. 하지만 그 뿐이었다. 당신은 그저 감동한 마음만 갖고 아무것도 실천하지 않는다. 분명 강연을 들을 때는 뭐든 할 수 있을 것 같았다. 그런데 아무것도 적거나 실천하지 않는다면 그 변화는 하루뿐이다. 나도 그랬다.

내가 읽었던 200권 중에는 정말 좋은 책들이 많았다. 가슴을 뛰게 해주고, 위로를 전해주었다. 용기가 생기고 꿈을 생각하게 해주었다. 하지만 그건 책을 읽을 때뿐이었다. 물론 그 200권이 쌓여 내 의식을 성장시켜 주었다. 하지만 책을 읽고 나면 똑같았다. 실천이 없었기 때문이다. 책은 읽는 것이 아니다. 실천하는 것이다. 책을 읽고 아무것도 하지 않는다면 그건 안 읽은 것과 같다. 글은 그 자체로 힘이 있지만, 글이 힘을 가지려면 현실에서 실천해야 하기 때문이다.

실천이 없는 책읽기는 그저 보여주기 식이다. 나는 한 번에 여러 권의 책을 읽기 위해 친구의 학생증까지 빌려서 많게는 10권의 책을 빌리곤 했다. 그 책들은 고르면서도 기분이 좋고 재미있었다. 제목들을 보며 내 고민의 답을 줄 수 있을 것 같은 책들을 골랐기 때문이다. 게다가 학교 도서관이라 빌리기도 쉬웠고 무엇보다 공짜였기 때문이다. 그리고 빌리러 내려가서 대출 처리할 때에 두 번째로 기분이 좋았다. 친구들이 "우와, 너 이렇게 많이 읽게?" "주현이는 책을 좋아해."라고 이야기해줄 때 기분이 좋았다. 책 많이 읽는 사람이라는 소리는 듣기 좋았기 때문이다. 더구나 낮은 자존감으로 고민하던 나에게는 가뭄의 단비 같은 칭찬이었다.

작은 실천이 쌓여 커다란 변화를 이룬다

대학교에서 우리 집까지는 지하철로 꼬박 2시간 정도가 걸렸다. 그중 1시간은 7호선을 타고 이동했다. 어떨 때는 못 앉아 가기도 했지만 대부분의 경우 앉아 갔다. 그럼 나는 지하철에서 책을 읽었다. 한 권 한 권 읽으며 가슴이 뛰기도 하고 스스로 자책하기도 했다. 또 책 속에서 찾은 미션을 수행해보기도 했다.

내가 한창 자존감에 관한 책을 읽을 때 각각의 책은 나에게 답을 주었다. 대부분의 책에서 공통적인 이야기를 했다. 그것은 바로 자존감의 문제를 해결하려면 자신을 있는 그대로 바라봐야 한다는 것이었다. 그리고 나는 나 자신을 있는 그대로 바라보기 위해 나에 대해 적기 시작했다. 내 장점은 무엇인지, 내가 어떻게 살아왔는지, 나는 어떤 단점을 갖고 있는지 등에 대해 조금씩 적어갔다. 하지만 그렇게 적어보는 중에 겁이 났다. 나를 있는 그대로 마주하는 데는 생각보다 많은 용기가 필요했다.

이 책을 읽는 당신도 그런 경험이 있을지 모르겠다. 나는 스스로를 낮춰 보고 있었다. 나를 미워하고 내가 이상한 사람이라고 생각했다. 남들과 다른, 특이한 사람이라고 생각했다. 그래서 나는 나를 좋아할 수 없었다.

남들과 다르다는 것을 스스로 부정적으로 바라봤기 때문이다. 그런 나를 있는 그대로 바라보는 건 그 자체로 커다란 미션이었다. 하굣길에 노트를 펴고 나에 대해 적어보곤 했지만 피상적인 것들뿐이었다. 장점이라고 적었지만 실제로 장점이라고 생각하지 않았다.

단점은 오히려 쉬웠다. 나는 나를 나쁘게 보고 있었기 때문에 단점은 진심이었다. 다만 가슴이 아팠다. 내가 매일 스스로 혼잣말 하던 자기 비하와 비판의 말들이었지만 이를 글로 적는 것은 달랐다. 스스로 단점을 인정하는 것이기 때문이었다. 이는 생각보다 가슴 아프고 슬픈 일이었다. 적으면서도 너무나 아팠다. 담담히 적는 척했지만, 인정하는 일은 너무나 아팠다. 실제 단점도 아니었기에 더욱 그랬다. 나는 실제의 내가 아닌 못난 나의 모습에서 단점을 찾았다. 그래서 더욱 과장되었고 더 아팠다. 그러다 보니 나를 적는 일을 포기했다. 여러 번 고민하며 온전히 나를 적어야 했지만 그렇지 못했다. 온전히 나를 바라볼 수 있기 전에 포기한 것이다.

결국 나는 자존감이 높아지기 전에 미션 수행을 포기했다. 그래서 내가 자존감을 되찾기까지는 오랜 시간이 걸렸다. 한 번 어려움을 겪고 난 일은 더 하기 어려웠기 때문이다. 하지만 만약 내가 그 시절 자존감을 찾을 때까지 목숨 걸고 실천했더라면 어땠을까? 가슴이 아프더라도 무작정 피하거나 포기하지 않고 계속 진짜 나를 찾기 위해 고민했더라면 어땠을까?

지금의 나는 훨씬 더 나은 사람이 되었을 것이다. 하루하루의 노력이 몇 년간 쌓이기 때문이다. 하지만 그 시절의 경험은 피할 수 없는 것이다. 누구나 그렇게 사춘기를 겪고 그 시절의 경험이 있기에 지금의 자신이 있는 것이다.

만약 내가 그때 나를 있는 그대로 쓰기를 시도조차 하지 않았더라면 어땠을까? 어쩌면 나는 죽을 때까지 자존감을 찾지 못했을지도 모르겠다. 책에서 읽기만 하고 실천하지 않은 아이디어는 계속 먼지 속에서 그 빛을 잃어가기 때문이다. 실천하지 않는 아이디어는 '해야 하는데…'라는 생각과 함께 자연스레 잊혀지기 마련이다.

조금이라도 실천해보았기에 어떤 걸해야 할지 기억했고, 결국에는 자존감을 찾을 수 있었다. 그리고 그렇게 찾게 된 자존감은 내 의식의 성장을 이끌었다. 의식이 성장하지 그 전에 의미 없이 쌓았다고 생각한 책의 내용들을 더 깊이 이해하게 되었다. 당신도 책은 읽었는데 성과가 없다면 책에서 찾은 아이디어를 조금씩이라도 실천하기를 추천한다. 작게라도 실천하는 것은 아예 하지 않는 것과 완전히 다르기 때문이다.

0%와 1%는 엄연히 다르다. 1%라도 매일 실천한다면 조금씩 나아진다. 1.01의 365제곱은 약 38이다. 매일 하루에 1%씩만 변화한다면 365일 뒤에는 38배의 성장을 가져온다. 하지만 변화가 0이라면 365년이 지나도 당신은 제자리이다. 그리고 매일 1%의 변화를 가져올 수 있는 것은 책과

실천이다. 책에 있는 좋은 생각들을 하루에 1%씩만 실천하는 것이다. 1%밖에 안 된다고 생각했던 작은 실천이 쌓여 1년만 지나도 38배의 폭발적인 성장을 가져오는 것이다. 그 실천은 거창할 필요가 없다. 1%의 변화이기 때문이다. 만약 매일 책을 읽기로 결심했다면, 그 책의 전체 장수의 1%만 읽어보자. 만약 매일 운동을 하기로 했다면 매일 하루의 1%인 15분이라도 뛰어보자. '이게 어떤 변화를 가져오겠어?'라는 생각이 들어도 변화된 자신의 모습을 상상하며 매일 꾸준히 실천해보자. 그냥 아무 생각 말고 그렇게 해보자. 절대 잊지 마라. 1.01의 365제곱은 38이다.

책은 읽어도 변화가 없는 이유는 실천이 없기 때문이다. 책을 읽는 것만으로 변화를 가져오기는 어렵다. 책은 읽고 실천하기 위해 존재한다. 그리고 실천할 때 변화를 만든다. 세계 최고의 명강사가 수학을 가르쳐준다고 해도 문제를 풀지 않으면 내 수학 실력은 제자리인 것과 마찬가지이다. 이 책을 읽고 있는 당신도 마찬가지다. 책을 읽었으면 내가 했던 대로, 또 성공했던 그 누군가 했듯이 조금씩이라도 실천해보라. 실천하지 않고 속으로만 '그렇구나.' 하고 실천을 미룬다면, 당신의 인생은 제자리일 것이다. 작은 실천이 쌓여 변화를 만든다. 변화를 위해 이 책을 집어든 당신, 무조건 실천하라. 실천만이 답이다.

CHAPTER 03

독서의 목적은 성장이다

책을 읽는 것은 많은 경우에 자신의 미래를 만드는 것과 같다. – 에머슨

생각하지 않는 사람들

누군가 독서를 한다고 했을 때 당신은 어떤 생각이 드는가? 그저 책을 읽는다는 그 사실만으로도 그 사람에 대한 이미지가 바뀔 수 있다. 책을 읽는다는 사실을 모르기 전에는 그저 비슷한 친구였지만, 책을 읽는다는 사실에서 지적인 이미지가 추가되었을 것이다. 독서는 그 자체로 그 사람에 대한 이미지가 바뀔 정도로 큰 의미를 갖고 있다. 독서를 한다는 것이 곧 성장을 위한 노력을 한다는 뜻이기 때문이다. 그렇다면 왜 독서를 성장을 위한 노력으로 보는 걸까?

사실 독서 그 자체는 그리 어려운 것이 아니다. 단순히 글을 읽는 것은 쉽게 할 수 있기 때문이다. 하지만 사람들은 독서를 힘들어한다. 독서가 그냥 읽기만 하는 것이 아니라 생각하는 것이기 때문이다. 그리고 사람들은 점점 생각하기를 남에게 미루고 있다. 생각하는 것은 힘들고 생각하기 위해서는 에너지와 노력이 필요하기 때문이다. 그래서 독서를 힘들어 하는데 성장을 위해서는 생각을 해야 한다. 결국 그 이유로 독서가 성장을 위한 노력으로 인정받는 것이다.

시대가 지나며 사람들은 점점 더 편한 것을 추구한다. 덕분에 기술이 점점 발전하고 있다. 계단을 이용하는 것이 불편하니 엘리베이터나 에스컬레이터가 생겨났다. 걷는 것이 불편하니 자전거가 생기고 자동차가 생겼다. 그리고 통신수단이 발달함에 따라 인터넷이 생겨났다. 그리고 인터넷은 점점 더 발전하고 있다.

인터넷이 발전하면서 같이 발전된 것이 있다. 바로 유튜브이다. 유튜브는 TV와 인터넷이 합쳐진 형태이다. 그리고 예전부터 TV는 바보상자로 취급받았다. 보면서 생각할 필요가 없기 때문이다. TV는 시청자를 위해 모든 정보, 지식 등을 아주 쉽게 떠먹여준다. 시청자는 그저 가만히 보기만 하면 된다. 가만히 보고만 있어도 웃겨주고 알려준다. 시청자는 그저 TV를 켜는 노력만 하면 된다. 그러다보니 사람들은 점점 TV를 찾는다. TV를 보는 것은 편하고 재미있기 때문이다.

유튜브는 이런 TV보다 훨씬 간편하다. TV는 내가 원하는 것을 보려면 그 시간까지 기다려야 한다. 혹은 VOD로 찾아서 봐야 한다. 하지만 유튜브는 기다릴 필요가 없다. 실행만 하면 내가 좋아할 만한 영상들을 추천하여 보여준다. 나는 그저 손가락으로 스크롤을 슥슥 내리다가 원하는 영상을 누르기만 하면 된다. 손가락 하나로 그냥 보다가 영상의 소비자가 되는 것이다. 그러다 보니 현대인들은 더욱 생각할 필요가 없어졌다. 유튜브에서는 내 취향까지 분석해주기 때문이다. 우리는 내가 무엇을 좋아하는지도 인터넷에 맡겨버리는 것이다.

생각하지 않는 사람들이 많아질수록 사회는 병들고 있다. 개인은 자기 앞에 놓인 문제를 해결하기 위해 남들이 생각한 것을 검색한다. 남들이 생각한 것을 그대로 따라 하고자 한다. 그 누군가는 그 문제를 해결하기 위해 많은 생각을 했을 것이다. 이렇게도 해보고 저렇게도 해봤을 것이다. 그 과정이 힘들 수 있지만, 문제를 해결하며 그는 성장한다. 하지만 그저 그 사람을 따라 하는 것은 성장을 가져오지 않는다.

인간은 생각하는 동물이라는 말이 있다. 인간이 동물과 다른 부분이 바로 생각하는 능력이라는 것이다. 그만큼 생각하는 것은 중요하다. 생각할 줄 알았기 때문에 인간이 지금과 같이 발전하고 사회를 만들어 살고 있는 것이다. 만약 인간이 동물과 같이 본능대로만 살았더라면 지금의 발전은 이뤄지지 않았을 것이다. 그만큼 생각하는 것이 중요하다. 하지만 사회는 점점 생각하지 않도록 변하고 있다. 사람들이 점점 편한 것을 추구하기 때문이다.

편한 것을 추구하는 것은 당연하다. 편한 게 좋기 때문이다. 배부르고 에어컨 빵빵한 시원한 방에서 가만히 누워 있는 것만큼 행복한 일은 없다. 하지만 편한 것만을 추구하면 결국은 점점 뒤로 밀려난다. 루이스 캐럴의 동화『거울 나라의 앨리스』에 보면 붉은 여왕 효과라는 것이 나온다. 동화 속에서 앨리스는 붉은 여왕을 만나게 된다. 붉은 여왕은 나무 아래에서 계속 달린다. 앨리스는 그런 붉은 여왕과 함께 나무 아래에서 계속 달린다. 앨리스가 숨을 헐떡이며 붉은 여왕에게 묻는다.

"계속 뛰는데, 왜 나무를 벗어나지 못하는 건가요? 내가 살던 나라에서는 이렇게 달리면 벌써 멀리 갔을 텐데요."

이에 붉은 여왕은 답한다.

"여기서는 힘껏 달려야 제자리야. 나무를 벗어나려면 지금보다 2배는 더 빨리 달려야 해."

거울 나라는 한 사물이 움직이면 다른 사물도 그만큼의 속도로 따라 움직이는 특이한 나라였다. 그래서 그 속도만큼만 움직이면 벗어나지 못하니까 붉은 여왕이 계속 뛰고 있었던 것이다. 이는 우리 사회의 모습과도 같다. 사회는 점점 빠르게 변화하고 사람들의 취향도 마찬가지이다. 얼마 전까지만 해도 유행하던 대만 대왕카스테라는 이제 자취를 감추었다. 그만큼 유행은 빠르게 왔다가 빠르게 간다. 그 변화에 적응하려면 우리도 계속 움직이고 변해야 한다.

편하게 산다는 것은 딱 남들과 똑같은 속도로 나아간다는 것이다. 남들이 하는 만큼만 하고 사는 것이다. 남들이 하는 것에 더할 것도, 덜 할 것도 없이 그저 남들을 따라 사는 것이다. '다들 똑같이 이만큼 하니까 나도 이만큼 해야지', '더 하는 것은 힘들어. 딱 지금만큼만 하자.'라고 생각하며 말이다. 하지만 지금만큼 유지하고자 하는 그 행동은 결론적으로 뒤처지는 행동이다. 『거울 나라의 앨리스』 속 거울 나라처럼 세상은 계속 변하고 있다. 지금 편하다고 가만히 있는 것은 사실 가만히 있는 것이 아니다. 뒤로 가고 있는 것이다.

성장하기 위해서는 독서를 하라

스펜서 존슨의 우화 『누가 내 치즈를 옮겼을까?』에 보면 이런 내용이 나온다. 생쥐들은 당장 눈 앞에 치즈가 있으니 다른 치즈를 찾아 나서지 않는다. 하지만 결국 먹다 보면 눈 앞의 치즈는 없어질 것이다. 그리고 시간이 지나면 썩는다. 그렇기에 다른 치즈를 찾아 움직여야 하지만, 대다수의 생쥐는 움직이지 않는다. 그러고는 '누가 내 치즈를 옮긴 거야?'라고 생각만 한다. 우리도 마찬가지이다. 지금 당장 눈 앞에 있는 치즈에만 만족하고 안심하며 있지만 곧 치즈가 없어질 것이다. 썩을 것이다. 지금 당장 새로운 치즈를 찾아 움직여야 한다. 변해야 한다.

변하고 성장하기 위해서는 생각하고 고민하고 실천해야 한다. 생각 없이 남들이 하는 것만 따라 하는 것으로는 성장할 수 없다. 그것으로 성공한 사람의 이유와 생각을 알아야 제대로 실천하고 응용하고 할 수 있기 때문이다. 그렇다면 생각하고 고민하는 가장 쉬운 방법은 무엇일까? 바로 독서이다. 책을 읽으며 고민하고 생각할 수 있기 때문이다. 책을 읽으며 작가의 생각에 내 생각과 고민을 더할 수 있기 때문이다.

독서만큼 쉽게 생각할 수 있게 하는 수단은 많지 않다. 그렇다면 왜 독서가 생각하는 가장 쉬운 방법일까? 생각하는 데 가장 필요한 것은 무엇일까? 바로 자극이다. 아무것도 없는 상태에서는 생각을 떠올리기가 쉽지 않다. 혹자는 이렇게 이야기할 것이다. 아무것도 하지 않을 때에도 이런 저런 생각이 떠오른다고. 하지만 그렇게 순간순간 떠오르는 생각들은 내가 하는 생각이 아니라 그저 떠오르는 생각이다. 그런 생각들은 보통 '오늘 뭐 먹지?', '어떤 책 읽지?'와 같은 단순한 것이 많다. 혹은 걱정들이다.

진짜 내가 성장하기 위한 생각은 다르다. 따라서 진짜 성장을 위해 생각하기 위해서는 올바른 자극이 필요하다.

책은 작가의 생각이 담긴 생각 묶음이다. 작가 본인이 공부하고, 생각한 것들을 담아 엮은 것이 책이다. 그리고 작가는 책 한 권을 쓰기 위해 많은 생각을 거친다. 한 꼭지 한 꼭지를 쓰며 본인이 여태껏 해왔던 생각들을 정리하여 책을 쓰는 것이다. 그만큼 양질의 생각이 담겨 있다고 보면 된다. 물론 판매만을 위한 저질의 책들도 있다. 반대로 좋은 책일수록 더 좋은 생각이 담겨 있다고 보면 된다. 그리고 이런 좋은 생각들은 내가 생각할 수 있는 올바른 자극이 된다.

답을 내기 위해서는 어떤 것이 필요할까? 바로 질문이다. 질문이 있어야 답이 나온다. 질문이 없이 답이 나오기는 어렵다. 어떤 것을 답으로 삼아야 할지 알 수 없기 때문이다. 내가 성장하기 위해서도 답이 필요하다. 따라서 이를 위한 질문도 필요하다. 책에 담긴 작가의 생각은 내게 훌륭한 질문이 되어준다. 한 글자 한 글자, 한 문장 한 문장 읽어가며 나는 작가의 생각도 읽는다. 나는 그 생각에 동의할 수도, 그렇지 않을 수도 있다. 그런 의견을 갖는다는 것 자체가 생각을 한다는 증거이다.

좋은 생각은 그 자체로 나를 성장시킨다. 생각이 성장하는 것이 곧 내가 성장하는 것이기 때문이다. 좋은 생각을 하기 위해서는 좋은 질문이 필요하다. 우리는 책에서 좋은 질문들을 발견할 수 있다. 책에는 작가의 최선을 다한 생각들이 담겨 있기 때문이다. 책을 읽으며 내 생각을 갖게 되고, 이런 생각들은 내 자신을 성장시키는 좋은 양분이 된다.

독서의 긍정적인 목적은 성장이다. 책을 읽는 동안 당신은 생각할 수 있고 성장할 수 있다. 독서를 하며 더 많은 생각과 질문들을 접하고 스스로 생각해보자. 더 많은 종류의 생각과 질문들에 답할수록 스스로가 성장함을 느낄 것이다. 생각 없이 눈으로만 읽는 독서는 TV를 보는 것과 같다. 독서는 스스로 생각하게 하고 이것은 곧 나를 성장시킨다. 이 책과 함께 올바른 독서법을 배워 스스로의 성장을 이끌어내자. 나는 당신이 이 책을 읽고 성장하기를 바란다. 나의 도움이 필요하다면 책날개에 적힌 내 연락처로 연락하라. 내가 할 수 있는 도움을 주도록 하겠다.

CHAPTER 04

무작정 읽기만 하지 마라

목적이 없는 독서는 산책이지 학습이 아니다. – B. 리튼

있어 보이려 독서를 하다

나는 남들에게 보여주기 위해 책을 읽었던 적이 있다. 어려서부터 자존감이 낮았던 나는 다른 사람들의 칭찬과 관심에 항상 목말라 있었다. 칭찬 한마디에 웃고, 지나가는 농담 한마디에 울었다. 내 안에서는 주변의 반응에 따라 천국과 지옥을 오가고 있었다. 그것이 친구들을 웃겨주는 것이 좋았던 이유였다. 내 유머에 친구들이 웃어주면 세상을 다 가진 것 같았다. 하지만 그 과정이 과했을 때에는 반대로 욕을 먹기도 했다. 나는 그 과정 속에서 남들의 눈치를 많이 보게 되었다.

그러다 책을 읽기 시작하며 새로운 사실을 깨달았다. 내가 책을 읽는 모습을 보거나 아는 사람들은 모두 나에게 감탄을 했다. 심지어 '나도 책 읽어야 하는데.'라며 부러워하기까지 했다. 그런 모습을 보며 나는 깨달았다. '책을 읽기만 하는데도 내 이미지를 좋게 봐주는구나.'라고 말이다. 나는 그 사실이 매우 좋았다. 그래서 계속 책을 읽었다.

나는 어렸을 적 자존감이 매우 낮은 아이였다. 자존감이 낮다는 것도 모른 채 스스로를 매일 낮게 대했다. 나를 낮춰 대할수록 나는 칭찬과 관심을 갈구했다. 그 한마디 한마디가 내 영혼의 배고픔을 채워주었기 때문이다. 나라는 사람의 가치를 인정해주는 것이었기 때문이다. 그래서 작은 칭찬이라도 들은 날이면 기분이 하늘을 날아갈 것 같았다. 하지만 그 기분은 쉽게 올라간 만큼 쉽게 떨어졌다. 그날 어떤 이야기를 들었는지에 따라 기분이 오락가락했다.

친구들이 내 유머에 웃어주는 것은 내게 커다란 칭찬이었다. 친구들을 웃겨주면 그들이 나를 좋아할 것이라 생각했기 때문이다. 그 때문에 나는 웃음에 집착했다. 하지만 그 칭찬은 순간뿐이었다. 웃음을 주지 못하거나 농담이 과했을 때 나는 크나큰 우울감에 빠지곤 했다. 하지만 책을 읽는 모습은 과한 것이 없었다. 모두 나를 좋게 봐주었고 나는 열심히 사는 사람으로 인정받았다. 독서가 나를 멋있는 사람으로 만들어준 것이다.

평생을 칭찬에 목말라 살던 나는 어느 순간 칭찬을 받기 위해 책을 읽고 있었다. 성장을 위해 읽기 시작했던 책의 목적이 뒤바뀐 것이다. 그때부터 나는 남들의 눈을 의식해 책을 읽었다. 책을 읽는 모습을 SNS에 올리고 '좋아요'를 받을 때면 나는 짜릿한 쾌감을 느꼈다. 책을 제대로 읽었는지, 읽지 않았는지는 중요하지 않았다. 그저 '책을 읽는 사람'이라는 이미지가 중요했던 것이다. 부끄럽지만 그때의 나는 그랬다. 그래서 나는 책의 내용을 소화시키기보다 관심을 끌기 위해 책을 읽었다.

책을 읽고 책 표지를 올리고 있어 보이게 글을 썼다. 그리고 그 책을 읽은 나를 보는 사람들의 반응에 행복해했다. 진짜 내가 비어가는 것도 모른 채 말이다. 책은 마음의 양식이라고 한다. 하지만 마음의 양식도 씹고 삼켜야만 양식이 된다. 그 때의 나는 그저 수박 겉 핥기하듯 책을 읽었다. 그러다 어느 날 이런 독서가 잘못 되었음을 알게 되었다.

그날도 나는 여느 때처럼 더 빠르고 많이 읽고 있었다. 더 많은 책을 빠르게 읽고 내 SNS에 포스팅하여 '책 읽는 사람'이라는 이미지를 갖고자 했다. 하지만 어느 날 갑자기 허무함과 허탈감이 찾아왔다. 과거 내 유머 감각을 되찾기 위해 목숨을 걸고 읽었던 때에 비해 그때의 내겐 남은 것이 없었다. 그저 한 권 한 권 읽었다는 책의 권수만 늘어나고 있었다. 이래서는 안 되겠다는 생각이 들었다. 책 읽기가 그저 시간 낭비일 뿐이었다. 성과 없는 독서가 늘어날수록 허무감만 들어갔다. 내가 진정 원하던 것이 책 읽는 이미지였는지에 대해 의심을 하기 시작했다. 내가 처음 책을 읽었을 때의 생각을 했다. 그리고 나는 그때부터 책 읽기를 잠시 중단했다. 책을 읽는 목적을 찾기 위해서였다.

처음 책을 읽었을 때에는 대인관계 고민을 해결하고 싶어서 유머에 대한 책을 읽었다. 그리고 자존감, 자기애를 높이고자 책을 읽었다. 그러다 자기계발로 범위가 늘어났다. 나의 책 읽기에는 목적이 있었던 것이다. 하지만 어느 순간 그 목적이 단순한 이미지 메이킹으로 변질되었다. 책 읽기의 진짜 목적을 벗어나 주객전도 되었던 것이다.

가만히 생각해보니 나는 성장하기 위해 독서를 시작했었다. 내가 생각하는 독서의 진짜 목적 역시 성장이었다. 나는 다시금 성장을 위한 독서를 하기 시작했다. 내 내면의 성장을 도모하기 시작했다. 권수를 늘려가기보다 한 권 한 권을 목적에 맞게 소화시키고자 했다. 그러자 한 권 한 권의 책은 양분이 되었다. 내 생각을 바꿔주고 의식을 성장시켜주었다. 생각이 바뀌고 의식이 성장하니 세상을 바라보는 눈도 바뀌었다. 인생이 바뀐 것이다. 하지만 만약 내가 계속 보여주기 위한 무작정 독서만 했다면 어땠을까? 내 삶의 모습은 그대로였을 것이다. 아니, 어쩌면 허무함만 가득한 우울한 삶이 되었을 것이다.

목적을 가진 독서를 하라

무작정 읽기만 하는 것은 읽지 않는 것만 못하다. 책에 담긴 생각과 의미를 파악하지 못한 채 그저 글만을 읽어나가는 것이기 때문이다. 글은 생각을 담는 그릇이다. 생각이라는 무형의 것을 유형의 것으로 표현한 것이다. 책은 그런 글의 묶음이자 생각의 묶음이다. 책은 하나의 주제를 기반으로 적힌 여러 생각의 모음이다. 그런 책을 그저 글자를 읽어가기만 하면 무슨 의미가 있을까? 나는 보여주기 위한 독서를 하며 이것을 깊이 알게 되었다. 글은 글자 그 자체가 아닌 그 안에 담긴 생각을 읽어야만 제대로 읽은 것이다. 어쩌면 책을 꽤 읽었던 당신이 변하지 못한 이유는 무작정 읽었기 때문일지 모른다. 내가 그랬던 것처럼 말이다. 한번 잠시 눈을 감고 자신에게 물어보라.

'나는 왜 책을 읽으려고 하지?'
'내가 책을 읽는 목적은 무엇일까?'

어쩌면 처음에 생각했던 목적을 벗어나 있을 것이다. 보여주기 위해 책 읽는 척을 하고 있을 것이다. 그렇다면 잠시 책 읽기를 멈추고 목적을 고민해보자. 목적 없는 책 읽기는 그저 글자 읽기일 뿐이다. 책을 읽는 목적이 분명해야 책을 읽는 의미가 생긴다. 목적을 갖고 책을 읽으면 글이 아닌 생각을 읽기 때문이다.

내 진짜 목적이 아닌 그저 베스트셀러이기 때문에, 남들이 많이 읽는 책이기 때문에 읽는다면 그 책 읽기는 결국 실패할 가능성이 높다. 베스트셀러는 많은 사람들에게 사랑받은 책이라는 뜻이다. 하지만 많은 사람들에게 사랑받았다고 해서 내 목적과 꼭 맞으리라는 보장은 없다. 그저 '베스트셀러니까 재미있겠지?', '베스트셀러인 데는 이유가 있을 테니, 우선 읽어보자. 책은 읽어야 하는데 뭘 읽어야 할지 모르겠으니 베스트셀러나 읽어볼까?'와 같은 마음가짐으로 읽기 때문이다. 그것은 유행을 따라가는 것 그 이상도, 이하도 아니다. 물론 베스트셀러라면 책의 내용이 좋을 것이다. 많은 사람들의 공감을 이끌어내고 호응을 얻은 책이기 때문이다. 하지만 아무리 좋은 책이라도 내 목적과 맞지 않는다면, 내가 얻을 수 있는 것은 적을 것이다.

책은 약과 같다. 사람에 따라 책을 읽는 필요와 목적이 다르기 때문이다. 감기에 걸렸는데 소화제를 먹는 사람은 없을 것이다. 약별로 목적이 분명하기 때문이다. 책도 마찬가지다. 책에는 작가의 의도와 목적이 담겨 있다. 같은 주제의 책이라도 작가가 누구인지에 따라 담긴 내용과 구성이 다르다. 그렇기에 책을 읽는 내 의도와 목적에 따라 스스로 선택하여 읽어야 한다. 같은 자장면이라도 친구가 맛있다고 하는 집과 내가 맛있다고 하는 집은 다를 수도 있다. 그 의도와 목적이 나의 목적과 맞을 때 그 책은 나에게 꼭 맞는 약이 된다. 그렇기 때문에 책을 읽으려는 목적이 중요하다. 내가 약을 먹는 목적이 열을 내리기 위함인지, 기침을 멎게 하기 위함인지 확실해야 그에 맞는 약을 먹기 때문이다.

나는 과거에 남들에게 인정받고 있어 보이기 위해 책을 읽었다. 책도 베스트셀러나 누구나 알 만한 고전과 같은 책들을 읽었다. 남들에게 있어 보이는 것이 목적이었기에 가능하면 많은 사람이 아는 책이 좋았다. 책 내용은 어떻든 상관이 없었다. 내가 어떤 것을 위해 읽는 것인지도 중요하지 않았다. 그저 SNS에 올려 남들에게 '좋아요'를 받으면 그만이었다. 그렇게 목적 없이 무작정 읽었지만 남는 것이 없었다.

만약 당신도 예전의 나처럼 목적 없이 무작정 읽었다면 지금부터 목적을 가진 독서를 하자. 나의 목적이 다른 사람들의 목적과 같을 이유는 없다. 같은 책이라도 읽는 사람에 따라 목적이 다를 수 있다. 내 상황과 가치관이 다른 사람들과 같지 않기 때문이다. 같은 책이라도 여러 관점에서 해석이 가능하기 때문이다. 모든 사람에게 공통으로 해당되는 것은 무작정 읽어서는 안 된다는 것이다. 어떤 목적으로 읽는 것이든 좋다. 무작정 읽기만 하지 마라. 책은 글을 읽기 위한 것이 아니라 글에 담긴 생각을 읽기 위한 것이다. 무작정 읽는 독서가 남기는 것은 단지 읽은 책 리스트뿐이다. 나를 위한 독서를 시작해라. 그렇게 읽을 때 책은 나에게 답을 줄 것이다. 내가 그랬듯이 말이다.

Baden, Angeln
und Radfahren
verboten

01 『2억 빚을 진 내게 우주님이 가르쳐 준 운이 풀리는 말버릇』, 고이케 히로시, 나무생각

"'감사합니다'를 5만 번 외어서 인생이 바뀐다면 누구나 행복해질 수 있는 것 아냐?"
"그렇지만 아무도 그렇게 하지 않잖아!"

회사 일에 치여 한창 생기를 잃고 있던 때, 찌들고 찌들어 찌든 때가 온몸을 덮어갈 때 즈음 이 책을 알게 되었다.

"무슨 책 이름이 이렇게 길지?"

이 책과의 첫 만남이다. 표지도 귀여웠고 제목도 재밌어 보여서 읽기 시작했다. 이 책은 저자가 실제 겪은 일을 우화 형식으로 재미있게 꾸며낸 책이다. 우주님이라는 가상의 존재를 만들어 우주의 법칙에 관해 설명해준다. 그중에 한 달 동

안 '감사합니다'를 5만 번 말하라는 이야기가 나온다. 처음엔 기겁을 했지만 반신반의 하는 마음으로 나도 '감사합니다.'라고 말하기 시작했다.

처음엔 감사할 게 없는 것처럼 느껴졌다. 하지만 5만 번을 넘긴 지금 세상 모든 것에 감사할 수 있는 긍정적인 내가 되었다. 내 몸과 마음을 뒤덮던 찌든 때가 벗겨지며 빛나는 내가 되었다. '감사합니다'라는 말이 이렇게 커다란 힘을 지니고 있는 줄은 나도 몰랐다. 5만 번이 엄청 많은 숫자처럼 느껴지겠지만 말하다 보면 순식간에 5만 번이 채워진다. 오히려 감사가 감사가 부르는 기적이 일어난다. 할수록 감사할 것이 넘쳐난다.

부정적인 생각에 찌든 그대여, 당신도 빛나는 자신으로 다시 태어날 수 있다. 빛나는 긍정의 에너지를 꽃피우고 싶다면 지금 바로 '감사합니다' 5만 번 프로젝트를 시작하라! 효과는 내가 보장하겠다. 만약 5만 번을 말했는데 효과가 없다면 나에게 찾아와라. 맛있는 커피 한 잔을 대접하며 이야기해주겠다.

CHAPTER 05

자기계발의 기본은 독서다

하루라도 책을 읽지 않으면 입에 가시가 돋는다. – 안중근

독서는 가장 쉬운 자기계발이다

서점에서는 주로 어떤 책이 베스트셀러에 오를까? 트렌드에 따라 때마다 유행하는 장르가 다양하다. 최근에는 힐링이 대두되며 『죽고 싶지만 떡볶이는 먹고 싶어』, 『멈추면 비로소 보이는 것들』과 같은 힐링 에세이가 대세인 듯하다. 하지만 어느 시절에나 꾸준히 잘 팔리는 책들이 있다. 바로 인문학과 자기계발 서적이다. 그리고 이 두 장르의 공통점은 무엇일까? 바로 성장을 도모한다는 것이다. 내적인 성장을 추구하기도 하고, 성공하기 위한 성장을 도모하기도 한다. 그리고 요즈음엔 유튜브로 억대 연봉을 받는 사람들의 이야기가 화제가 되고 있다. 대중매체에서는 이런 사람들을 취재해서 뉴스와 방송에 내보낸다. 사람들은 돈을 잘 벌고 성공하는 것

에 관심이 많기 때문이다.

뉴스 기사나 방송에서 유튜버와 같은 1인 창업가들이 억대 연봉을 번다는 이야기가 나오면 사람들은 우선 관심을 갖는다. 평범한 직장인 연봉으로는 당장 불가능한 억대 연봉을 벌기가 불가능하기 때문이다. 그래서 부러움의 눈빛으로 그들에게 관심을 갖는다. 하지만 이내 그 관심은 사그라진다. 본인은 그렇게 할 수 없다고 생각하기 때문이다. 그래서 지금 다니고 있는 직장에서 월급을 받으며 평범하게 살아가기를 선택한다. 하지만 억대 연봉의 유튜버들도 처음부터 유튜브를 잘 운영하지 못했다. 그들 역시 초보였던 시절이 있었지만 꾸준히 성장했기에 지금의 자리에 있을 수 있는 것이다.

유튜브 크리에이터로 성공한 사람들은 본인들만의 개성과 특색이 있다. 그렇기 때문에 많은 사람들이 그들의 영상을 찾아보는 것이다. 그들의 모습, 말, 행동 그 자체가 매력적이고 재미있기 때문이다. 하지만 보통의 사람들은 직장인의 틀에 갇혀 있어 본인의 개성과 특색을 찾으려고 노력하거나 도전하지 않는다. 그저 일을 잘하기 위한 엑셀 잘하는 법, 파워포인트 잘하는 법이나 토익 점수 정도에만 관심이 있다. 하지만 진짜 우리가 관심을 가져야 하는 것은 나를 찾는 자기계발이다. 그리고 이런 자기계발에 가장 좋은 것은 독서이다. 왜 그럴까?

자기계발이라고 할 때 사람들이 가장 먼저 떠올리는 것은 강의와 독서일 것이다. 가장 좋은 것은 내가 직접 모든 것을 시도해보고 경험하며 배워가는 것이지만 현실상 매우 힘들다. 시간과 비용이 너무 많이 들기 때문이다. 그래서 이를 빠르고 쉽게 배우기 위해 강의를 듣고 독서를 하는 것이다.

강의는 정말 좋은 자기계발 수단이다. 강의의 장점은 현장에서 강사가 생생하게 자신의 지식과 노하우를 전달해준다는 것이다. 그저 지식과 노하우를 전달받는 것이 아니라 강사가 감정과 에너지를 담아 전달하니 더욱 생동감 있게 배울 수 있다. 하지만 강의에는 몇 가지 제약이 따른다. 온라인 강의의 경우 시간과 장소의 제약이 없지만 오프라인 강의에서 느낄 수 있는 강사의 감정과 에너지가 전달되지 않는다. 그러다 보니 생생함이 떨어져 강의 내용이 잘 와닿지 않는다.

오프라인 강의는 강사의 감정, 에너지가 온전히 전달되어 매우 생생하게 들을 수 있다. 하지만 시간과 장소의 제약이 따른다. 양질의 강의가 내 여유시간에 맞춰 열린다면 좋겠지만 그렇지 않은 경우가 대부분이다. 그렇다면 독서는 어떨까?

독서는 장소와 시간의 제약이 없는 가장 쉬운 자기계발 수단이다. 언제, 어디서든 쉽게 읽을 수 있고, 내가 원하는 만큼 음미하며 생각할 수도 있다. 자기계발을 조금이라도 해본 사람이라면 스스로 고민하고 생각하는 시간이 얼마나 중요한지 알 것이다. 강사들은 그 분야의 전문가이다. 그들은 우리보다 그 지식을 더 빠르고 손쉽게 이해한다. 만약 나와 1:1로 진행하는 과정이라면 내 속도에 맞춰 몇 번이고 다시 설명해주고 다르게 설명해줄 것이다. 하지만 대부분의 강의는 여러 명이 같이 수강하게 되고, 완전히 소화시키기에는 어려움이 따른다. 그래서 재수강을 여러 번 하는 것이다. 하지만 독서는 얼마든지, 내 속도에 맞춰 음미하고 생각하고 소화시킬 수 있다. 작가의 생각을 내 상황에 맞춰 고민해볼 수도 있다. 내 생각으로 작가의 생각과 맞설 수도 있다. 그리고 이런 과정이 바로 자기계발에 필요하다. 그렇기 때문에 자기계발은 독서가 기본이어야 한다. 주변의 성공한 사람들 중에 강의 수강만으로 성공한 사람이 있는가? 성공한 사람들의 대부분은 독서를 많이 한 사람들이다. 개그맨 고명환 씨도 그중에 하나이다.

독서로 성공한 사람들

당신은 개그맨 고명환 씨를 아는가? 고명환 씨가 TV에서 활동을 하지 않은 지가 꽤 되었으니, 그를 아예 모르는 사람도 많을 것이다. 고명환 씨는 2000년대 초중반에 왕성하게 활동했던 개그맨이다. 당시 개그맨으로서 인기가 많았다. 지금으로 치면 tvN의 〈코미디 빅리그〉에서 활동하는 수준이라고 보면 되겠다. 그리고 그렇게 인기가 많았던 개그맨은 지금 '메밀꽃이 피었습니다'라는 메밀국수 집으로 대박을 낸 사장님이 되었다. 개그맨을 그만두고 이 사업, 저 사업을 했지만 계속 망했다고 한다. 그러다 책에서 답을 얻어 바로 책으로 다시 성공을 하게 된 것이다.

나 역시 고명환 씨는 개그맨으로만 알고 있었는데, 최근에 개그맨 고명환 씨가 쓴 책 『책 읽고 매출의 신이 되다』를 읽게 되었다. '내가 기억하는 고명환 씨는 TV에서 개그프로그램을 진행하던 모습인데 그런 그가 책을 썼다니.' 이 자체만으로도 이 책은 내 흥미를 끌었다. 거기에 책 읽고 매출의 신이 되었다니? 성공하기 위해 책을 읽어왔던 내가 읽을 수밖에 없는 제목이었다. 나는 그렇게 그 책을 읽기 시작했다.

개그맨 고명환 씨는 개그맨을 할 때에도 꾸준히 책을 읽었다고 한다. 덕분에 PD들의 섭외 1순위였다고 한다. 아이디어가 샘솟는 개그맨이었기 때문이다. 책을 읽으며 이런 저런 생각들을 하다 보니 창의력이 생긴 것이다. 또 이런저런 지식과 노하우들을 알게 되니 아이디어가 넘쳐날 수밖에 없다. 그리고 가장 중요한 것은 고명환 씨도 책을 읽고 실행에 옮겼다는 것이다. 책에서 하라는 대로 실천하다 보니 어느덧 부자의 길을 걷고 있다는 것이다. 부자가 되고 싶어 부자에 관한 책을 읽고 실천했고, 부자가 되었다고 한다. 이 얼마나 간단한 원리인가?

고명환 씨의 이야기만 보더라도 책이 얼마나 효과적인 자기계발 수단인지 알 수 있다. 아니 이 쯤 되면 독서가 자기계발의 기본이라고 봐도 무방하다. 자기계발로 성장을 도모하여 성공한 사람 중에 책을 읽지 않은 사람을 찾기는 어렵다. 빌게이츠도 1년에 2주간 별장에서 책만 읽으며 사업 구상을 하는 생각주간을 운영한다고 한다. 책만큼 확실한 자기계발 수단은 없다. 나 역시 책의 수혜를 본 사람 중 하나이다.

나는 어렸을 적 지독하게도 자존감이 낮았다. 오죽하면 옷가게에 옷을 사러 가면, 점원이 속으로 '네까짓 게 그런 옷을 입겠다고?'라고 여길 것이라고 생각했었다. 나를 낮게 생각했고, 실제로 그렇게 행동했다. 친구들에게 관심을 구걸하고, 애정을 갈구했다. 주변의 반응에 일희일비하며 거절 못 하는 착한 호구였다. 남들의 관심을 구걸했기에 이리저리 끌려다녔다. 내 자신보다 남을 신경 쓰며 행동했기에 속으로는 불만이 쌓여갔다. 그러다가 나도 모르게 쌓인 불만이 터져 나오곤 했다. 그러면 그 친구와의 관계가 틀어졌다. 여태껏 별 문제없었던 행동인데, 갑자기 내가 화를 냈기 때문이다. 나중에 후회하며 사과도 했지만 한번 틀어진 관계는 돌릴 수 없었다. 그랬던 내가 지금은 180도 달라졌다.

지금 나는 너무나 행복한 하루하루를 보내고 있다. 자기계발서를 읽으며 의식이 성장하고 자기계발서가 시키는 대로 하나씩 행동하며 이루어가는 재미가 있다. 나는 이런 내 경험을 주변사람들에게 전달하고 싶다. 주변의 힘든 사람들에게 내 경험을 전달하여 의욕을 고취시키는 동기부여 강연가이자 코치가 되고 싶다. 코칭과 강연으로 한 사람 한 사람의 가슴속에 희망과 열정의 꽃씨를 심어주고 싶다. 더 많은 사람들의 가슴속에 꽃씨를 심어 이 세상의 꽃밭을 더욱 풍성하게 하고 싶다. 이 모든 꿈은 책을 읽으며 만들어졌다. 옷가게에서 갖고 싶은 옷도 맘대로 못 사던 내가, 희망을 전하는 동기부여 강연가이자 코치를 꿈꾸게 되었다. 이보다 큰 성공이 있을까 싶다.

이 책을 읽는 당신도 예전의 나와 같다면 이제는 책을 읽자. 책이야말로 가장 확실하게 나를 성장시킬 수 있는 수단이다. 한 권도 좋고 두 권도 좋고 열권이면 더 좋다. 이제는 나를 위한 부자를 할 때이다. 남을 위한 투사보다 나를 위해 투자해보자. 유튜브로 게임영상을 보는 것은 휴식이 아니다. 그저 시간을 버리는 행위일 뿐이다. 아마 마음속으로는 알고 있음에도 책 읽는 것이 지루하여 시작하지 못하고 있을지도 모르겠다. 하지만 지금 읽는 그 책 한 권이, 당신의 미래를 바꿀 수 있다. 바로 내 인생이 바뀐 것처럼 말이다. 그러니 단 한 권이라도 목적을 갖고 제대로 읽자. 자기 계발의 기본은 독서다.

CHAPTER 06

스펙 쌓기는 자기계발이 아니다

단 한 권의 책밖에 읽은 적이 없는 인간을 경계하라. – 벤저민 디즈레일리

스펙만을 위한 자기계발은 이제 그만!

이 책을 집어든 당신은 아마도 책을 조금은 읽는 사람일 것이다. 혹은 이 책이 첫 책일 수도 있겠다. 보통 자기계발이라고 하면 가장 먼저 독서를 떠올린다. 혹은 직장인이라면 자격증을 떠올릴 수 있겠다. 학생이라면 토익 점수를 떠올릴 수도 있겠다. 하지만 생각해보자. 여러분이 지금 배우고 공부하고 있는 것들이 진짜 자기계발이 되었는지 말이다.

토익 점수를 잘 받는다고 해서 영어 실력이 좋아졌는가? 혹은 자격증을 취득했다고 해서 진짜 그 분야의 전문가가 되었는가? 만약 그렇다고 한다면 당신은 진정한 공부를 한 것이다. 자격증을 목숨 걸고 독서하듯 공부했다는 뜻이기 때문이다. 하지만 지금 당신의 토익점수가 만점이라고 하더라도 외국인과 깊은 대화를 못한다면 당신은 토익을 공부한 것이지 영어를 공부한 것이 아니다. 자격증도 마찬가지이다. 운전면허증이나 컴퓨터 관련 자격증은 실제 쓸모가 있을 수 있겠다. 하지만 당신이 스펙을 위해 딴 자격증은 아마 실생활에 크게 도움이 되지 않을 것이다.

나는 화학공학을 전공했다. 외국어 고등학교에서 일본어를 전공했지만 화학이 좋아서 선택했다. 화학공학과가 무슨 학과인지도 제대로 모르고 말이다. 그저 서울에 있는 대학교를 가고 싶었다. 수능 점수와 맞는 곳을 찾다 보니 화학공학과가 있었다. 마침 화학을 좋아했기에 선택했다. 그래서일까 화학공학과의 수업은 내게 크게 재미있지 않았다. 심지어 너무 어려웠다. 전공수업을 정말 열심히 공부했지만 마음처럼 쉽지 않았다. 특히 수학이 어려웠다. 흥미가 없으니 늘지 않았다. 때문에 점점 학점만을 위한 공부가 되어갔다.

흔히 전자공학과, 화학공학과, 기계공학과를 보고 취업깡패라고 한다. 줄여서 '전화기'라고도 부른다. 많은 기업들이 3개 학과를 졸업자를 선호하기 때문이다. 그만큼 유용하고도 실용적인 학과였다. 화학공학에서는 주로 공장을 설계하는 방법이나 운영하는 방법에 대해 배웠다. 그리고 물리화학이나 유기화학과 같은 깊이 있는 화학에 대해서도 배웠다. 순수과학이 아닌 공학이었기에 당연히 실제 현장에서 도움이 되는 지식을 배울 수 있었다. 나는 지금 반도체 인프라에 관한 일을 하고 있다. 하지만 일을 하면서 화학공학에서 배운 지식들을 거의 사용하지 않는 전공 수업들은 그저 학점을 위한 공부일 뿐이었다. 당신은 어떠한가? 당신은 전공학점을 위한 공부를 하고 있는가? 아니면 자기계발을 위한 공부를 하고 있는가?

나는 전공공부가 재미없었다. 흥미도 별로 없었는데, 어렵기까지 하니 정말 학점을 위한 공부가 될 수밖에 없었다. 그래서 필수로 들어야 하는 전공 수업 외에는 교양수업을 들었다. 내가 좋아하는 수업의 종류는 주로 발표 수업이었다. '창의적 사고와 표현', '비판적 사고와 토론'과 같은 말하기와 발표에 관한 수업들을 좋아했다. 그리고 이 수업들은 내게 실용적인 도움을 주었다. 내 꿈이 강사이고 강연가였기 때문이다.

이 글을 읽는 독자들 중에는 발표에 어려움을 느끼는 사람들이 많을 것이다. 남들 앞에 서면 머릿속이 하얘지고, 준비한 말이 떠오르지 않는 그런 사람 말이다. 그런 사람들은 자신감을 키우기 위해, 또 면접 준비를 위해 비싼 돈을 내고 스피치 학원을 찾곤 한다. 하지만 나는 학비만 내고 대학교에서 스피치 수업과 실습을 했다. 발표수업은 직접 발표 자료를 만들고 발표해야 했기에 무조건 발표 연습이 될 수밖에 없었다. 게다가 교수님과 같이 수업 듣는 동기들의 피드백까지 있으니 금상첨화였다. 그래서 나는 발표를 더 잘하기 위해 화술과 관련된 책들을 읽으며 공부를 했다. 수업을 듣기만 했을 뿐인데, 내 스스로 자기계발을 위한 노력을 하고, 실습에 피드백까지 할 수 있었던 것이다. 그리고 이 경험은 내게 차곡차곡 쌓여 있다. 그때에 어떻게 발표를 했고, 어떻게 말한 것이 반응이 좋았는지 다 머릿속에 남아 있다. 하지만 전공수업은 그렇지 않았다. 그저 내 이력서에 한 줄이 되어줄 뿐이다.

독서로 진짜 자기계발을 하자

학점을 위해 들었던 전공수업과 내 꿈을 위해 들었던 교양수업 중에 어떤 것이 나에게 더 큰 도움이 되었을까? 취업의 관점에서는 전공수업이 더 도움이 되었을 것이다. 하지만 실제로 나의 능력 계발에 도움이 된 것은 교양으로 들었던 발표 수업이었다. 발표 수업으로 다져진 내 스피치 능력은 어디서든 써먹을 수 있었다. 하지만 전공 수업에서 배운 내용은 직접 활용하기가 어려웠다. 이를 자격증과 비교한다면, 자격증은 전공수업과 비슷하겠다. 전공수업 역시 플랜트 설계나 공장 설계를 꿈꾸던 학생이 수강했더라면 도움이 되었을지도 모르겠다. 많은 사람들이 나와 같은 경험을 한다.

그렇다면 자격증을 위해서가 아닌 진짜 나를 위한 자기계발을 하려면 어떻게 해야 할까? 진짜 지식을 배우고 연습해야 한다. 그리고 가장 쉬운 연습 방법은 독서이다. 특히 독서를 통한 자기계발이다. 독서는 각 분야의 전문가가 자신의 성공 스토리와 노하우를 담아낸 것이다. 각 작가가 직접 실천해보고 성과를 본 내용들이다. 진짜 자기계발을 위해서라면 독서가 가장 좋은 방법인 것이다. 왜 토익학원을 그렇게 다녀놓고 회화 수업을 또 수강하는가? 진짜 영어를 공부하지 못했기 때문이다. 하지만 독서는 다르다. 독서를 하며 책에 담긴 내용들을 실천한다면 그것은 곧 당신의 자기계발로 이어진다. 그리고 그렇게 자기계발이 쌓일수록 당신이 원하던 꿈에 한걸음씩 다다르게 될 것이다.

나는 자기계발서를 정말 많이 읽었다. 내가 읽은 800여 권의 책 중 70%는 자기계발서일 것이다. 자존감을 높이기 위해서 나를 사랑하기 위해서는 자기계발이 필요하다고 생각했기 때문이다. 주변에서 몇몇 사람이 "자기계발서는 읽지 않는다."라고 이야기한다. 이유를 물어보면 대답은 비슷하다.

"그건 작가가 대단하기 때문에 가능한 일이다. 나는 그렇게 할 수 없다."
"자기계발서는 다 똑같은 이야기만 한다."
"현실적이지 않은 이야기만 늘어놓는다."

하지만 나는 이렇게 이야기하고 싶다. 당신이 지금 공부하고 있는 토익 공부가 더 현실적이지 않다고 말이다. 진짜 영어를 공부해서 토익 점수를 높이는 것이 아니라, 학원이 알려주는 토익 시험 잘 보는 법을 공부해서 점수를 올리고 있는 당신의 토익 공부가 더 현실적이지 않다고 말이다.

내가 외고에 다니던 시절, 영국에서 9년을 살다 온 친구가 있었다. 그 친구는 영어로 꿈을 꾸는 아주 이상한 친구였다. 한국에서 평생을 살아온 내게는 상상할 수 없는 일이었기 때문이다. 영어 원어민이었기에 자연스레 영어 문제를 풀다가 모르는 게 있으면 그 친구에게 물어보게 되었다. 모의고사 문제를 풀어보면 문법 문제가 반드시 나온다. 그리고 해설을 읽어도 이해가 되지 않을 때가 있다. 그럴 때면 나의 영어 구세주인 그 친구에게 묻곤 했다. 그럼 그 친구는 답을 아주 쉽게 골라내었다. 그럼 나는 왜 그게 답인지를 물어본다. 하지만 돌아오는 답은 간단하다 못해 황당했다.

'그게 제일 어색해.'
'그게 제일 자연스러워.'

그 친구는 문법이 아니라 영어 그 자체의 관점에서 문제를 푸는 것이다. 한국어를 생각하면 쉽다. 상상을 해보자. 외국에서 한국에 유학을 온 친구가 있다. 그 친구는 막 한국어를 배우기 시작했다. 간단한 대화 정도를 할 수 있게 되었다. 그런데 조사를 매우 헷갈려 한다. 어느 날 그 친구가 "'나는 이주현이다.'라는 문장에서 왜 '이'가 아니라 '는'을 써야 해?"라고 물어본다면 당신은 어떻게 답할 것인가? "'나이 이주현이다.'라는 문장은 어색하니까….”라고 이야기하지 않을까? 우리 역시 평상시에 문법에 신경쓰며 사용하기보다는 그저 자연스럽게 사용하고 있지 않은가? 이것이 진짜 자기계발이다. 한국어 시험을 위한 것이 아니라 한국어로 대화하기 위한 진짜 공부이기 때문이다.

독서는 자기계발을 위한 최적의 수단이다. 나 역시 독서를 통해 많은 자기계발을 해왔고 지금도 하고 있다. 지금 하고 있는 당신의 독서에 자기계발만 조금 더하면 된다. 그럼 그 독서가 당신의 능력을 계발시켜줄 것이다. 진짜 자기계발을 할 수 있게 말이다. 당신도 그냥 독서가 아닌 독서로 자기계발을 하라. 독서에 자기계발을 더하면 당신의 인생이 바뀌기 시작할 것이다. 혼자 하는 것이 어렵다면 책날개에 적혀 있는 연락처로 나에게 연락을 달라. 직접적인 도움을 주겠다. 당신의 성공을 응원한다.

CHAPTER 07

책 한 권이 운명을 바꾼다

한 권의 책을 읽음으로써 자신의 삶에서 새 시대를 본 사람이 너무나 많다.

– 헨리 데이비드 소로

책 한 권이 충격을 안겨주다

그동안 나는 많은 책을 읽으며 성장해왔다. 고등학교 때를 시작으로 대학교 때에도 읽었다. 취업을 하고 나서도 읽었다. 의미 없이 읽기만 했던 시절도 있었고, 조금씩 변화를 쌓아가며 읽었던 때도 있었다. 많은 변화를 만들어준 책들이었지만, 내 인생의 전환점을 만들어준 책이 있다. 바로 브렌든 버처드의 『백만장자 메신저』란 책이다.

내가 이 책을 만난 건 예전에 가입했던 자기계발 카페였다. 그 카페에서는 이지성 작가의 『꿈꾸는 다락방』이나 론다 번의 『시크릿』과 같이 우리나라에서 유명한 자기계발 서적들의 이야기가 많았다. 그리고 『백만장자 메신저』도 그런 책들 중 하나였다. 처음 그냥 제목만 봤을 때에는 이 책이 무슨 책인가 싶었다.

'백만장자는 알겠는데, 메신저는 뭐지?'
'백만장자가 되기 위해서 메신저가 되라는 건가?'

처음 책 제목을 봤을 때에는 이런 생각이 많이 들었다. 제목이 너무나 생소했기 때문이다. 백만장자가 되고 싶긴 했지만 메신저라니? 메신저라곤 그저 '카카오톡'과 같이 서로 의사소통을 하는 소통의 수단으로만 생각했던 나에게 신선한 충격이었다. 하지만 여러 유명한 책과 함께 소개가 많이 되던 책이어서 나는 책을 구매하여 읽기 시작했다. 그렇게 읽게 된 이 책은 정말 엄청난 내용의 책이었다.

'메신저'는 바로 자신의 경험으로 다른 이들에게 도움을 주고 동시에 부자가 되는 사람을 뜻했다. 그저 서로 의사소통의 수단으로 삼는 것이 아니라, 스스로가 메신저가 되라는 메시지가 담긴 책이었다. 더 많은 사람들에게 도움도 주면서 나 역시 부자가 될 수 있다? 이는 내가 바라던 모든 바를 담은 한 단어였다. 소름이 돋았다. 그리고 동시에 '나도 메신저가 될 수 있을까?'라는 생각이 들었다. 그리고 속으로 자신감을 살짝 잃었다. 너무나 새로운 개념의 생각이기에 맞다고 생각했지만 속으로 다시금 예전의 나로 돌아가고자 한 것이었다. 낮은 자존감 때문에 생긴 생각의 관성이 내 발목을 잡았다.

많은 사람들이 낮은 자존감으로 고민한다. 부모님들은 자식들의 자존감을 걱정한다. 나 역시 그중 하나였다. 내 낮은 자존감 때문에 더디게 변화하고 있었다. 수많은 책을 읽었지만 그 책의 내용을 꾸준히 실천하지 못했다. 한 권을 읽고 실천하면 내 안의 낮은 자존감이 나에게 말을 걸어왔기 때문이다.

'야, 네가 그거 할 수 있을 것 같아?'
'넌 딱 거기까지야 그만해.'
'넌 절대 못 해.'

그러면 나는 하던 실천을 멈추게 되었다. 그리고 내가 도움이 되지 못하는 사람이라는 생각을 갖게 되었다. 그러던 나에게 『백만장자 메신저』는 정말 큰 충격이었다. 내 경험과 노하우를 필요로 하는 사람이 있다니? 낮은 자존감이 발목을 잡았지만, 이 책은 나에게 영감과 용기를 주었다.

스스로의 가치와 소명을 깨닫다

나는 그동안 꽤 많은 책을 읽어왔다. 그리고 그 책들로 나는 조금씩 변화를 쌓아가고 있었다. 그 책들을 읽지 않았다면 나는 아직 그저 그런 상태로 살고 있었을 것이다. 생각도 없이 우울한 마음으로 말이다. 책 읽기 전의 나는 일상생활이 힘들 정도로 부정적이고 닫혀 있었다. 웃음이 없었고 마음속엔 의심과 불안이 가득했다. 낮은 자존감 때문이었다.

자존감이 낮다는 건 생각 이상으로 힘든 일이다. 이 세상의 어떤 자극도 부정적으로 해석하게 된다. 책들을 읽기 전의 내가 그랬다. 누가 나에게 선의를 베풀어도 의심하고 오히려 꼬아서 생각했다.

'내게 무슨 꿍꿍이가 있어서 그럴 거야.'
'나 같은 사람에게 잘해주는 데는 다른 이유가 있는 거야.'

마음으로 받아들이지 못했다. 심지어 칭찬을 들을 때에도 그랬다. 상대의 진심이 느껴지는 칭찬에도 이렇게 생각했다.

'그냥 인사치레로 한 얘기겠지.'
'나한테 부탁할 게 있나?'

당신은 저런 상태를 상상할 수 있는가? 내 곁의 정말 친한 친구와도 맘 편히 소통할 수 없는 상태를 말이다. 나를 진심으로 위해주는 고마운 사람들에게도 의심의 눈초리를 보내는 것을 말이다. 책을 읽다 보니 이전에 받은 상처들 때문에 그렇다고 했다. 상처가 있으니 더 상처받지 않기 위해서, 나를 보호하기 위해서 그런다는 것이다. 사실 상처를 치료하는 방법은 꽁꽁 싸매는 것이 아닌데도 나는 나를 보호하기 위해 꽁꽁 싸맸다. 그러다 어느 순간 나도 모르게 욱하곤 했다. 그럴 때면 소중한 사람들이 하나둘씩 떠나갔다. 사람이 떠난 상처가 쌓이고 나는 더 조심스러워졌다. 그래서 책을 더 읽었다. 변하고 싶었기 때문이다.

그렇게 조금씩 책을 읽으며 내가 변하고 있을 때 즈음 만난 『백만장자 메신저』라는 책은 나를 완전히 바꿔주었다. 지금 당신이 읽고 있는 이 책이 바로 그 증거이다. 나는 메신저가 되기 위해 이 책을 쓰고 있다. 나는 여러분과 같은 평범한 직장인이다. 아니 오히려 더 찌질한 직장인이었다. 부정과 불평불만을 달고 살았기 때문이다. 지금 생각해봐도 그때의 나는 정말 비호감이었다. 사람들의 사람과 관심을 갈구하면서 내가 변하지 않았으니 참 안타깝다. 하지만 그때의 고통과 경험들이 지금의 나를 만들었다. 그래서 감사하다. 그 고통의 경험들 속에서 많은 것을 깨달았기 때문이다.

'나를 키운 것은 팔 할이 바람'이라는 서정주 시인의 「자화상」의 한 구절처럼 그 시절의 고민과 고통이 지금의 나를 만들었다. 그런 고통이 없었다면 책을 읽지 않았을 것이다. 그리고 책을 읽지 않았다면 변화도 없었을 것이다. 고통이 있었기에 절박해졌고 절박해지니 간절해졌다. 간절한 꿈을 이루기 위해 나는 지금껏 노력해온 것이다. 그 노력이 있었기에 지금의 내가 있다고 생각한다. 그 노력의 큰 부분을 차지한 것은 바로 책 읽기이다. 책을 읽고 실천했기에 나는 변할 수 있었다.

답을 찾기 위해 읽은 책들은 조금씩 마음의 변화를 주었다. 그리고 그 변화들이 쌓여가고 있을 때 즈음 운명의 책을 만나 지금의 내가 되었다. 변화는 쉽게 찾아오지 않는다. 충분한 노력이 쌓였을 때에만 변화가 이루어진다. 내가 읽었던 600여 권의 책은 내게 독서 습관과 올바른 독서법이라는 변화를 주었다. 그리고 '메신저'로서 그렇게 알게 된 독서 습관과 독서법을 여러분에게 전하고자 이 책을 쓰고 있다.

사람이 성장하기 위해서는 겉이 아니라 내면이 변해야 한다. 바로 의식이 성장해야 하는 것이다. 그리고 이 의식의 성장은 한 순간에 이뤄질 수도 있고, 몇십 년이 지나고야 이뤄질 수도 있다. 이 의식의 성장을 도와주는 것이 바로 책이다. 책에서 인생의 멘토를 만날 수 있다면, 그만한 행운은 없을 것이다. 책 속에 있는 인물이지만 그 인물이 나의 성장을 이끌어주는 견인차가 되어줄 것이기 때문이다. 항상 마음속으로 멘토를 그리며 '만약 이 상황이라면 멘토가 어떻게 행동했을까?'를 고민한다. 그럼 내 마음속의 멘토는 거기에 답을 준다. 그리면 닮아간다는 말이 있듯이 계속 멘토를 그리다 보면 어느덧 나 또한 멘토의 모습이 되어 있을 것이다.

'줄탁동시(啐啄同時)'라는 사자성어가 있다. 알 속의 병아리가 알 껍질을 깨고 나오기 위해서는 안에서 병아리도 쪼아야 하지만 밖에서 동시에 닭이 알을 쪼아주어야 한다는 뜻이다. 내가 읽어온 600여 권의 책이 병아리의 쫌이었다면, 브렌든 버처드의 책은 닭의 쫌이었다. 그 둘이 쌓이고 쌓여 만났기에 나는 한 단계 성장할 수 있었다. 이러한 경험은 특별한 경험이 아니다. 여러분에게도 충분히 일어날 수 있는 일이다. 이 책이 여러분이 안에서 쪼을 수 있는 동기가 되고 밖에서 쪼아주는 닭의 역할을 할 수 있기를 바란다.

02 『CEO의 메모』, 니시무라 아키라, 이손

"메모는 또 하나의 두뇌다."

나는 원래 바인더로 내 일정을 관리했다. 한 달 일정을 적고 주간 단위로 옮겨 적은 뒤 매일의 일정을 적어가며 관리했다. 하지만 늘 2% 부족함을 느꼈다. 볼펜으로 적은 것은 잘 지워지지도 않았고 그 큰 다이어리를 매번 소지하자니 그것도 문제였다. 그래서 메모에 대한 책들을 읽기 시작했다.

그러다 우연히 만난 책이 바로 『CEO의 메모』이다. 이 책의 저자는 성공한 사업가로 성공의 비결이 바로 포스트잇 메모에 있다고 한다. 나 또한 그의 메모법에 궁금증을 안고 읽었고, 포스트잇 메모법을 바로 실천에 옮겼다.

포스트잇 메모법은 내 다이어리 메모법에 날개를 달아주었다. 포스트잇은 가볍고 작아 휴대하기도 편했고, 무엇보다 탈부착이 쉬워서 활용도가 매우 높았다.

나는 그날그날 해야 할 일을 작은 포스트잇에 적어서 배치했고, 그때그때의 일정에 따라 자유롭게 배치했다. 포스트잇이다 보니 그날의 일정을 다음 날로 넘기기에도 매우 편했다. 완벽주의자적 성향이 있던 내게 볼펜으로 적어서 수정이 어려워지는 것은 큰 스트레스였다. 하지만 포스트잇을 사용함으로써 이 스트레스는 훨훨 날려버릴 수 있었다.

포스트잇은 누구나 어디서든 쉽게 볼 수 있다. 하지만 그 활용법에 대해 이렇게 아이디어를 얻을 수 있는 것은 흔치 않을 것이다. 지금 이것을 읽고 '저게 뭐야, 나도 생각하겠다.' 하신 분들, 지금껏 이렇게 사용해왔는가? 나는 저자가 몇 년에 걸쳐 정립시켜놓은 포스트잇 사용법을 책 한 권에서 얻어 내 것으로 소화시킬 수 있었다.

PART 2

독서는

취미가

아니라

생활이다

CHAPTER 01

나는 매일 책 2권을 들고 다녔다

양서는 처음 읽을 때는 새 친구를 얻은 것 같고,
전에 정독한 책을 다시 읽을 때는 옛 친구를 만나는 것 같다. – 골드 스미스

백팩에 매일 담겨 있던 책 2권

나는 고등학교 때부터 백팩을 메고 다녔다. 혹시 모를 만약을 대비하여 이것저것 많이 들고 다녔기 때문이다. 물티슈부터 우산까지 모든 것을 항상 준비하고 다녔다. 내가 필요할 때 필요한 물건이 있는 것이 좋았기 때문이다. 대학교에 들어와서는 '메신저 백'이라 불리는 가방에 많은 것들을 담아 다녔다. 다만 고등학교 때와 달라진 것이 있다면 이제는 책이 2권씩 담겨 있다는 것이다. 가방은 무거웠지만 가슴은 뿌듯했다. 어디서든 읽을 책이 1권도 아닌 2권이나 있었기 때문이다. 나는 왜 그 무거운 책을 2권씩이나 들고 다녔을까?

나는 대학교 도서관에서 천국을 만나게 됐다. 고등학교 때에는 읽고 싶은 책이 많아도 돈이 없어 신중히 한 권을 골라 읽었다. 하지만 대학교 도서관에는 그 10배 이상의 책들이 나를 기다리고 있었기 때문이다. 거기다 에어컨까지 빵빵하게 나왔으니 이만한 천국이 또 있나 싶었다. 주제와 작가도 다양했다. 그러다 보니 읽고 싶은 책들이 넘쳐났다. 나는 주로 자존감과 자기계발에 관한 책들을 읽었지만 연애, 심리학, 소설과 같은 장르에도 흥미가 생겼다. 그래서 이것저것 책을 왕창 빌려서 집에 가져갔지만 한참 뒤에 읽는 경우가 많았다.

읽고 싶은 책들은 많았고 내 시간은 한정되어 있었다. 그리고 도서관에 가면 또 읽고 싶은 책들이 보였다. 한 권씩만 들고 다니며 읽다 보니 속도가 너무 더뎠다. 또 그 한 권을 읽다 질리면 읽을 책이 없었다. 그래서 내가 선택한 것이 매일 2권을 들고 다니는 것이었다. 2권을 들고 다니면 가방은 무거웠지만 그건 상관없었다. 이미 고등학교 때부터 백팩으로 단련된 내 체력 덕분이었다.

사람의 기분이 매일 똑같던가? 흥미 역시 마찬가지이다. 어떤 날에는 자장면이 먹고 싶고 어떤 날에는 된장찌개가 먹고 싶다. 그래서 나는 2권의 책을 들고 다녔다. 나는 2권의 책을 들고 다니며 그날그날, 그때그때의 흥미에 따라 골라 읽었다. 2권의 장르가 다른 경우도 있었다. 혹은 2권의 장르가 같은 경우도 있었다. 두 경우 모두 상관없었다. 그 2권은 그 날 내 흥미를 끄는 책들이었기 때문이다. 흥미의 유효기간이 떨어지기 전에 읽는 책이라 더욱 재미있었다.

사람을 움직이는 것은 보통 재미와 흥미이다. 재미있는 일이라면 누가 시키지 않아도 하게 된다. 그래서 시험기간에는 〈역사 스페셜〉도 재미있다고 하지 않은가! (〈역사 스페셜〉을 즐겨보는 이들에게는 양해 부탁드린다.) 책을 읽기 싫어지는 경우는 보통 그 책의 흥미가 떨어진 경우일 것이다. 어떤 필요에 의해서, 혹은 제목에 끌려서 책을 구매하거나 빌렸지만 그 흥미가 떨어지면 그 책은 읽기 싫어지는 것이다. 그렇기 때문에 책을 빌리거나 구매했다면, 흥미가 떨어지기 전에 그 책을 읽는 것이 좋다. 나는 이를 위해 그날그날의 흥미를 반영한 2권의 책을 엄선하여 내 가방에 담았다. 이 엄선된 책들은 유효기간이 가기 전에 내 손에 쥐어졌고, 흥미 이상의 재미와 즐거움을 주었다.

꾸준한 독서를 위해서 책 2권을 들고 다녀라

나는 보통 통학하는 지하철에서 책을 읽었다. 통학거리가 멀었기 때문이다. 보통 지하철로 2시간 정도가 걸렸는데, 하루면 한 권을 읽을 수 있었다. 아침에 피곤할 경우에는 잠도 잤지만, 하굣길에는 거의 책을 읽었다. 한 권을 읽다 지루해지면 다른 책을 읽으면 되었기 때문에 부담이 없었다. 오히려 제목만으로도 재미있을 것 같은 책들이었기에 기대가 되었다. 자존감과 자기계발 서적이 대부분이었지만 어떤 날에는 판타지 소설을 읽기도 했다. 중고등학교 때에는 무협지나 판타지 소설을 꽤 읽었다. 하지만 자존감의 절박함에 잠시 놓았더랬다. 그랬던 판타지 소설이 종종 내 흥미를 끌었기에 1~2권씩 내 대여 도서 리스트에 포함되었다.

많은 사람들이 책 읽기를 힘들어한다. 읽고 생각하는 것을 하지 않는 사람들이 많기 때문이다. 학생들은 그저 선생님이 시키는 대로 읽고 해답지를 보며 문제를 푼다. 직장인들은 그저 지시된 대로 업무를 진행하고 메일을 읽는다. 그러다 보니 책 읽기와 같이 생각하며 읽는 것은 점점 멀어지는 것이다. 그러다 보니 TV나 유튜브와 같이 아무 생각 없이 보고 듣는 것을 더 선호한다. 편하기 때문이다. 아무 생각 없이 그저 가만히 보고만 있어도 재미있게 편집된 내용들이기 때문이다. 누군가 깊이 고민하고 생각하여 보는 사람이 재미있게 볼 수 있도록 편집하고 구성해놓은 것이기 때문이다. 심지어 요즘에는 더 편하게 보도록 자막까지 넣고 있다. 그래서 책 읽기에 흥미를 잃고 TV나 유튜브를 보는 사람들이 많아지고 있다.

여러분은 서점에 책을 구경하거나 사러 가본 적이 있을 것이다. 서점에 가게 되면 베스트셀러부터 스테디셀러, 신간 도서들까지 정말 많은 책들이 놓여 있다. 그리고 제목만 보고도 그 책을 사고 싶다고 생각한 적이 한 번쯤 있을 것이다. 사람마다 그 책을 사고 싶은 이유도 각양각색이다. 하지만 어떤 이유에서든 그 책에 흥미가 생겼기 때문에 사고 싶다는 생각이 들었을 것이다. 'SNS에서 리뷰 봤던 책이네, 재미있을 것 같다', '주식투자나 한번 해볼까? 이 책 괜찮네', '요새 이 책 SNS에서 인기 많던데 한번 사서 읽어볼까?'와 같이 말이다.

그리고 그 자리에서 책장을 넘겨 목차나 책 내용을 조금씩 읽어봤을 것이다. 그렇게 조금 읽다 보니 이 책을 더 구매하고 싶어진다. 한 장 한 장이 재미있고 꼭 내게 필요한 내용이기 때문이다. 왠지 이 책이라면 재미있게 읽을 수 있을 것 같다. 그러고는 그 책을 들고 계산대로 향한다. 하지만 그 때뿐이다. 그렇게 구매한 책은 책상 위에서 먼지만 쌓여간다. 한참을 지나 발견된 그 책은 곧 냄비받침으로 사용된다. 그 책에 대한 흥미의 유통기한이 지났기 때문이다.

다들 이런 경험이 한 번쯤 있을 것이다. 흥미가 생겨 책을 구매하거나 대여했지만 읽지 않고 오래도록 묵혀둔 경험 말이다. 나는 중고서점에 가는 것을 좋아하는데, 종종 정말 한 번도 펴보지 않은 것 같은 완전한 새 책들도 종종 발견한다. 아마 그 책을 판매한 사람도 처음 살 때는 흥미가 있었을 것이다. 하지만 집에 오니 다른 것들에 흥미를 빼앗겨 책을 읽지 않았을 것이다. 아직 책 읽는 습관이 잡히지 않은 독서 초보라면, 흥미가 곧 책 읽는 습관을 잡기 위한 원동력이다.

옛말에 '말을 물가로 데려갈 수는 있지만 물을 먹이지는 못한다'는 말이 있다. 이 말을 책의 버전으로 바꿔보면, '당신을 서점, 도서관으로 데려갈 수는 있지만 책을 읽게 할 수는 없다'로 바꿀 수 있겠다. 말에게 물을 먹이지 못하는 이유는 말 스스로 물이 필요해야 물을 마시기 때문이다. 그리고 당신에게 책을 읽힐 수 없는 이유는 당신이 책에 필요나 흥미가 있어야 책을 읽기 때문이다. 그리고 나에게 흥미가 있는 책과 당신에게 흥미가 있는 책은 다르다. 게다가 그날그날의 흥미는 바뀔 수 있다. 이것이 책을 2권씩 들고 다녀야 하는 이유다. 한 권에 흥미가 떨어지면 다른 책을 읽으면 되기 때문이다.

유튜브나 VOD가 인기 있는 이유는 내 흥미에 따라, 내 필요에 따라 원하는 대로 볼 수 있기 때문이다. 재미없는 부분은 재생속도를 빠르게 하여 볼 수 있다. 앞부분이 지루하거나 이미 본 내용이라면 30분 뒷부분을 바로 볼 수도 있다. 그러다보니 유튜브나 TV VOD는 부담 없이 더 재미있게 볼 수 있다. 책도 마찬가지다. 내 흥미에 따라 필요에 따라 읽을 수 있다면 부담도 적고 더 재미있게 읽을 수 있다. 책이 무겁다면 E-북을 읽으면 된다. 하지만 가능하면 종이책을 추천한다. 책을 읽는 것은 무언가 얻기 위함이다. 단순히 재미를 얻기 위함이 아니라면, 쓰고, 생각하고 해며 읽어야 한다. 하지만 E-북에는 메모를 하기 어렵다. 물론 책이 아닌 다른 곳에 메모하며 읽을 수 있겠지만 그게 오히려 번거로워 책 읽기가 부담이 될 수 있다. 책 읽기가 부담이 되면 점점 멀리하게 될 것이다. 그렇다고 메모를 하지 않고 읽으면 책은 내 것이 되지 못한다. 종이책은 읽으며 책에 쉽게 메모할 수 있고 손으로 쓰면서 생각이 정리되고 구체화된다. 깨달음과 변화를 얻기 위해서라면 종이책 읽기를 추천한다.

나는 매일 책 2권을 들고 다녔다. 내 흥미의 유통기한을 위해 매일 그 날의 흥미가 생긴 책 2권을 들고 다니며 읽었다. 나만의 맞춤형 독서 시스템이었다. 그리고 이 방법은 효과가 있었기에 당신에게도 추천한다. 독서습관을 기르기 위해서도, 독서의 재미를 꾸준히 유지하기 위해서도 말이다. 책 2권은 무거울 수 있다. 하지만 책 2권의 선택지에서 오는 여유로움과 선택권은 또 다른 재미를 제공할 것이다. 꼭 어렵고 무거운 책을 읽을 필요는 없다. 그저 흥미가 끌리는 책 2권을 가방에 챙기면 된다. 그 책 2권이 당신의 가슴과 머릿속을 아름답게 가득 채워줄 것이다. 혹시 2권의 책을 들고 다니기 싫다면, 1권은 E-북으로, 1권은 종이책으로 들고 다니기를 추천한다. 그러나 가능하면 종이책을 들고 다닐 것을 추천한다.

03 『청소력』, 마쓰다 미쓰히로, 나무한그루

"당신이 살고 있는 '방'이 바로 '당신 자신'입니다."

나는 군대에 있을 때 청소를 엄청 싫어했다. 해도 해도 구석 어딘가에서는 먼지가 나왔고 그럼 당연하게 선임에게 혼났기 때문이다. 청소를 하고 나서는 개운했지만 막상 하기는 싫었다. 마치 헬스장에 가서는 운동이 재밌지만, 막상 가기가 힘든 것과 같았다.

그렇게 청소를 멀리하기를 30년, 나는 운명같이 이 책을 만나게 된다. 지인의 추천으로 읽게 되었다. 제목만 보고는 '청소의 힘? 이게 뭐지?' 싶었다. 하지만 신뢰가 깊은 지인의 추천이었고 책도 얇았기에 읽기 시작했다.

읽기 시작하니 너무 쉽고 재미있었다. 무엇보다, 청소가 내 인생을 바꿔준다는 사실에 매력을 느꼈다. 사실 그 전에 내 방은 돼지우리 그 자체였다. 어머니께서

매주 청소를 해주셨지만, 청소하는 속도가 어지르는 속도를 따라갈 리 만무했다. 거기다 과거 내 부정적인 에너지가 방 곳곳에 부정적인 에너지장이 형성되어 있었다. 그래서인지 내 방은 그냥 있는데도 무언가 기분이 좋지 않았다.

하지만『청소력』을 읽고 내 방 책상에 감사 닦기를 실천하고 환기를 시키고 하루하루 실천해가면서 내 방은 긍정의 공간이 되었다. 거기에 독서로 내 마인드가 바뀌던 시점이라 시너지 효과가 장난이 아니었다. 덕분에 부정의 아이콘이었던 내가 긍정맨이 되기까지 얼마 걸리지 않았다.

그 효과를 본 나는 이제 사무실 책상에도 청소력을 실천하고 있다. 청소 혐오자였던 내가 이렇게 자발적으로 청소를 하게 되다니, 내가 봐도 놀라울 따름이다. 그리고 그 효과는 정말 대단하다. 내 방이 이렇게 상쾌한 공간이었다니 지금 생각해도 신기할 따름이다.

CHAPTER 02

취미로 읽은 200권이 내게 준 깨달음

나는 삶을 변화시키는 아이디어를 항상 책에서 얻었다. – 벨 훅스

'좋아요'를 위해 취미 독서를 하다

대학시절 누가 내게 취미가 뭐냐고 물으면 '독서'라고 답했다. 독서하는 사람이라는 미지가 좋았기 때문이다. 그리고 실제로도 독서를 많이 했다. 대학 4년간 200권이 넘는 책을 읽었으니 말이다. 하지만 그때 읽은 책들은 정말 취미였다.

취미라는 단어를 검색해보니 '즐거움을 얻기 위해 좋아하는 일을 지속적으로 하는 것'이라고 한다. 그 당시에 나는 독서를 좋아했다. 하지만 지금 생각해보면 독서 그 자체를 좋아했다기보다는 취미로, 그리고 '책 읽는 사람' 이라고 주변이 봐주는 것을 좋아했던 것 같다. 당시 유행하던 미니

홈피에 글도 종종 적곤 했다. 그리고 거기에 달리는 댓글에 행복해했던 것 같다. 무엇보다 같이 어울려 다니던 친구들이 나를 경이롭게 바라보는 것이 좋았다. 그때의 책은 나에게 그런 존재였다.

우리 학교 도서관에서는 1인당 한 번에 5권만 대출이 가능했다. 하지만 책이라는 것은 쇼핑과 같아서 읽고 싶은 책을 검색해서 가면 그 주변에 읽고 싶은 책이 수두룩했다. 관련 주제이거나 혹은 다른 주제이거나 둘 다 말이다. 예를 들어 대인관계에 관한 내용을 검색해서 찾으러 가면 주변의 연애 관련 책이 눈에 들어오는 식이었다. 그러다 보니 나의 대출 한도 5권은 너무나 적었다. 추리고 추려도 읽고 싶은 책이 5권을 넘었기 때문이다. 그래서 나는 친구에게 학생증을 빌려 책을 대출하곤 했다. 그리고 그 과정에서 친구들의 눈빛을 즐겼다. 이것은 내가 책을 많이 읽는 데에 큰 영향을 끼쳤다.

그렇게 10권을 빌리고 나면 나는 땀을 삐질삐질 흘려가며 그 책들을 집으로 옮겼다. 당시 나는 메신저 백이라는 옆으로 매는 가방을 들고 다녔는데, 그 가방이 책들로 가득 찼다. 화학공학과였던 나에게는 전공서적도 있었기에 책 무게만 해도 5kg은 족히 넘었을 것이다. 하지만 나는 그 비지땀을 흘리는 와중에도 책들에 대한 호기심과 그 책들을 빌리고 읽는 모습을 보는 친구들의 시선을 즐겼다. 독서법도 모르던 때였고, 빌린 책들이라 따로 메모도 하지 못했기 때문에 깊이 있게 읽지는 못했다. 하지만 그저 읽는 것만으로 즐겁고 재미있었다. 그 많은 책을 빌린 내 자신이 뿌듯했다. 그리고 그 책들을 보는 주변사람들의 시선을 즐겼다. 지금 생각해보면 책 도끼병이 아니었나 싶다. 아무도 나를 신경 쓰지 않았을 텐데도 나 혼자 신경 썼으니 말이다. 하지만 그때 나는 그랬다. 나 혼자만의 상상의 세계에서 나는 책을 엄청 많이 읽는, 주변에서 대단한 사람으로 보는 이미지였다.

'우와, 저 사람 뭐야? 10권씩이나 들고 다녀?'

'책 진짜 열심히 읽네!'

내 상상 속에서 다른 사람들이 나를 보며 들었을 생각들이다. 이 생각들 때문에, 혹은 덕분에 나는 책 읽기에 재미가 붙었다. 내 필요에 의해 책을 고르고 빌렸지만, 거기에 재미가 더해져간 것이다. 그러나 나만의 세상 속에서 남들의 시선에 재미를 느끼다보니, 점점 본래의 내 목적을 잊어갔다. 자존감을 올리기 위해 읽기 시작했지만, 자존감을 위한 목적보다 타인의 시선에서 오는 재미가 더 커졌다. 깊이 있게, 얻기 위해 읽기보다는 무조건 빨리, 많이 읽고자 했다. 많은 책을 빌려서 많이 읽는 이미지가 좋았기 때문이다. 그래야 더 열심히 노력하는 사람처럼 보일 것 같았다. 하지만 어떤 책이든 이렇게 읽으면 안 되었다. 책은 무작정 많이만 읽는다고 나에게 도움을 주지 않는다. 책은 양도 중요하겠지만 더 중요한 것은 깨달음과 이해이다. 깨달음 없는 독서는 속 빈 강정과 같다. 빈 수레가 요란하다고 읽은 책의 권수만 늘어가는 것이다.

하지만 주위의 시선에 중독되었던 나는 자주 책을 빌리고 반납하고, 친구 학생증까지 빌려서 책을 빌렸다. 그리고 스스로 그 모습에 뿌듯하고 만족했다. 나는 겉으로는 열심히 살고 있었고, 열심히 자기계발 하고 있었기 때문이다. 하지만 시간이 지나면서 내 안에는 공허감이 자리 잡기 시작했다. 수많은 책을 읽었지만 남는 게 없었기 때문이다. 그때는 읽은 책을 기록도 하지 않았기에, 남은 거라곤 그저 책을 옮기며 기른 체력뿐이었다. 타본 사람이라면 알겠지만 7호선은 유난히도 지하 깊숙한 곳에 있었기 때문에 계단이 무척이나 많았다. 그 계단을 전공서적을 포함해 10권이 넘는 책을 들고 오르락내리락 걸어 다녔으니 체력이 좋아질 수밖에 없었다.

처음의 내 독서의 목적은 자존감 올리기, 나 자신을 사랑하기, 자기계발이었다. 결국 체력을 기르는 자기계발은 되었지만, 정작 중요한 자존감과 자기애에서는 나아진 게 없었다. 자존감을 위한 독서, 자기애를 위한 독서를 한 것이 아니라 보여주기 위한 독서를 했기 때문이다. 책을 이해하는 것보다 읽은 책의 권수를 늘리는 데에만 집중했기 때문이다. 이 책을 읽는 당신도 지금 한번 곰곰이 생각해보자. 내가 하는 독서가 어떤 독서였는지를 말이다. 그저 SNS에 책 읽는 모습을 올리고, '좋아요' 받는 재미에 책을 읽고 있다면 당신의 독서에 남는 것은 '좋아요' 뿐일 것이다. 하지만 이것이 당신이 원하던 독서인가?

'좋아요'보다 깨달음을 남겨라

나는 200권을 읽고 이것을 깨달았다. 200권이나 읽었는데 기억에 남은 내용이 없었기 때문이다. 내게 눈에 띄는 변화가 없었기 때문이다. 책을 읽으며 자기계발이 조금씩 쌓여갔지만, 원하던 만큼의 변화를 이루지는 못했다. 4년의 시간 동안 그 많은 책을 읽었는데 말이다. 하지만 역설적이게도 200권을 그렇게 읽고 나니 깨달음을 얻었다. 어쩌면 이 이유 때문에 신이 나에게 200권의 시련을 주신 게 아닌가 싶다. 분명 나는 처음에 변화를 위해, 성장을 위해 책을 읽기 시작했다. 절박한 마음으로 시작했다. 하지만 점점 '내'가 아닌 '남'을 더 신경 쓰며 읽고 있었다. '내'가 중심이 아닌 '남'을 중심에 두고 읽고 있었던 것이다. 어느 누구도 나에게 그렇게 읽으라고 한 적이 없는데, 나는 남을 신경 쓰며 읽고 있었던 것이다. 그리고 그렇게 200권의 노력과 경험 덕분에 제대로 된 독서 방법을 깨달을 수 있었다.

취미로 읽었더라도 200권의 책을 읽은 것은 대단한 일이라고 생각한다.

꾸준히 4년을 읽어서 만들어낸 결과이기 때문이다. 200권의 책은 생각보다 많은 양이다. 800여 권을 읽은 지금 나는 그 200권의 경험에 감사함을 느낀다. 그렇게 읽은 200권에서 큰 변화는 만들어내지 못했지만, 그 경험이 있었기에 지금의 내가 만들어졌기 때문이다. 만약 그때 200권을 읽으며 경험하지 않았더라면, 아직도 남을 의식하는 독서를 하고 있었을 것이다.

'실패는 성공의 어머니'라는 말이 있다. 실패의 경험들이 쌓여 성공을 만들어낸다는 말이다. 나의 200권의 실패 경험이 곧 지금의 나를 만들어낸 것이다. 다들 이 말을 그저 명언정도로만 생각하고 있었을 것이다. 내가 그랬기 때문이다. 책을 많이 읽었다고 해도 겉으로만 읽으면 이와 같다. 아무리 좋은 책이라고 해도 책 속에 담긴 생각을 읽지 못하고 그저 글만 읽는 데에만 집중해서는 변화를 만들어낼 수 없다. '실패는 성공의 어머니'라는 말을 듣고도 그 안에 담긴 의미를 이해하고 체화하는 게 아니라 그저 한 문구 정도로만 여긴다면 아무리 머릿속에 남겨두었더라도 그저 단어 몇 개의 조합일 뿐이다.

여러분에게도 비슷한 경험이 있을 것이다. 처음에 멋모르고 시작했던 일이 한두 번 실패하다보니 점점 나아진 경험 말이다. 그리고 결국에는 성공을 쟁취한 경험 말이다. 기억 못하겠지만 지금 잘 걸을 수 있는 것도 아기 때의 수많은 넘어짐이 있었기 때문이다. 우리는 이미 여러 번의 실패를 통해 만들어진 성공의 결과물이다. 다만 깨닫지 못하고 있을 뿐이다. 나는 200권의 실패경험을 통해 이를 깨달았다. 이 책을 통해 이런 깨달음을 전할 수 있음에 감사한다. 당신의 성공을 응원한다.

CHAPTER 03

성공하는 사람들은 매일 읽는다

당신이 하기를 원하고 하려고 하는 의지가 있고 오랫동안 충분히 노력한다면,
그 일은 날마다 조금씩 함으로써 반드시 성취해낼 수 있다. – 밥 딜런

성공한 사람들은 다독가였다

주변에 소위 잘나가는 친구나 아는 사람이 있는가? 성공한 사람이 주변에 없다면 범위를 넓혀보자. 세계적인 투자의 귀재 워런 버핏, 전 세계적인 갑부 빌 게이츠, 혁신의 아이콘 스티브 잡스 등 수 많은 사람이 떠오를 것이다. 이 사람들의 공통점은 무엇일까? 여러 가지가 있겠지만 바로 독서를 좋아하고 많이 한 다독가라는 것이다. 그렇다면 그들이 책을 읽은 이유는 무엇일까?

"오늘의 나를 있게 한 것은 우리 마을 도서관이었고, 하버드 졸업장보다 소중한 것이 독서하는 습관이다."

빌 게이츠의 유명한 말이다. 빌 게이츠는 세계적인 거부(巨富)이다. 그런 그를 있게 한 것이 독서라니? 당연하기도 하고 의아하기도 할 수 있다. 하지만 그는 실제로 1년에 2주 생각주간이라는 것을 만들어 2주간 별장에서 책만 읽고 생각만 하며 사업 전략을 구상하는 시간을 가진다고 한다. 그는 세계적인 기업인 마이크로 소프트의 창업자이자 마이크로 소프트를 전 세계적인 기업으로 키운 기업가이다. 정말 눈코 뜰 새도 없이 바쁠 것 같은 그가 1년에 2주일이나 일을 하는 것이 아니라 책을 읽는다는 사실이 놀랍지 않은가? 보통 사람들은 '바쁘다 바빠'를 입에 달고 산다. 일도 해야 하고, 친구들도 만나야 하고, 영화도 봐야 하고, 재미있는 TV 프로그램도 봐야 하고, 운동도 해야 하고 할 일이 정말 많다. 하지만 정작 중요한 것은 하지 않는다. 바로 자기계발이다.

지금의 직장이 당신의 평생을 책임져줄 것이라고 생각하는가? 지금 하는 취업 준비가 당신의 미래를 위한 길인가? 한번 곰곰이 생각해보자. 취업준비를 해서 대기업에 들어간다면 나는 행복할까? 지금 직장에서 평생 일한다면 당신의 미래는 행복할까? 사람들은 크게 착각하고 있다. 평생직장의 개념이 사라진지 오래다. 이제 더 이상 과거처럼 한 개인이 하나의 회사에서 정년까지 일하던 시대는 지났다. 뉴스에서도 계속 이야기한다. 곧 로봇이 인간의 직업을 빼앗을 거라고 말이다. 로봇 기술의 발전으로 인간들의 직업이 사라질 것이라고 말이다. 실제로 스타벅스에서는 커피를 만들어주는 로봇 바리스타가 등장했다. 고객이 주문을 하면 로봇이 커피를 만들어주는 것이다. 상상만 했던 일들이 현실이 되어 나타나고 있다. 그렇다면 다시 한 번 묻겠다. 당신의 현재는 안전한가? 당신의 현재가 미래를 책임져주는가?

성공한 사람들 중에 평범한 직장생활로 성공한 이는 많지 않다. 보통 기업의 소유주이거나 1인 창업가이다. 직장생활이 성공을 만들어줄 수 있다면, 왜 그들은 평범한 직장생활이 아닌 길을 갔을까? 직장생활로는 성공하기 어렵기 때문이다. 평범한 월급쟁이의 삶을 살아서는 부자가 되기 어렵다. 부자의 꿈을 꾸며 매달 월급을 꾸준히 모으고 있다. 언젠가 부자가 되려는 꿈을 갖고 말이다. 하지만 월급은 내 마음처럼 모이지 않는다. 조금 모으다보면 냉장고가 고장 난다. 조금 모으다 보면 해외여행도 한 번 가야 될 것 같다. 조금 모으다 보면 치과에서 목돈을 써야 한다. 월급이 조금 모이다 보면 목돈 쓸 일이 생기곤 한다.

그렇기에 성공한 사람들이 월급쟁이가 아닌 사업가의 길을 택한 것이다. 그렇기 때문에 월급만 모으는 평범한 직장인의 마인드로는 부자가 되기 어려운 것이다. 아마 '대기업 임원이 되면 되지?'라고 생각하는 사람이 있을 수 있겠다. 하지만 냉정히 말하면 그들은 평범한 직장인이 아니라, 계약직 직원이다. 계약 기간 동안 성과를 내지 못한다면 재계약이 어려워질 수 있다. 그들의 직장생활은 평범한 직장인보다 힘들다. 하루하루 성과를 내고 경쟁에서 이겨야 하기 때문이다. 누군가는 이렇게 생각할 것이다.

'대기업 임원 돼서 몇 년만 일하면 평생 먹고살 수 있는데, 계약직이면 어때?'

그렇다면 다시 묻고 싶다. 당신은 임원의 자리에 오르기 위해 노력하고 있는가? 보통 저렇게 이야기하는 사람들 중에 실제로 임원의 자리에 오르기 위해 노력하는 사람은 거의 없다. 다들 말뿐이다. 그저 막연히 '대기업 임원이 되면 잘 살 수 있겠지.' 하고 생각한다. 막연히 임원들의 연봉과 삶을 상상하며 '나도 임원이 되었으면 좋겠다.'라고 생각할 뿐이다. 노력 없는 상상은 결과를 이룰 수 없다. 그들은 임원이 되고 싶다고 이야기하지만, 속으로는 '내가 무슨 임원이 되겠어.'라며 스스로의 가능성을 부정한다. 본인 스스로도 자신을 믿지 못하는 것이다. 그러면서 말로는 평범한 직장인도 부자가 되고 성공할 수 있다고 한다.

평범한 사람도 성공하는 법, 독서

평범한 직장인이 부자가 될 수 있는 방법이 있다. 바로 자기계발이다. 월급을 모으기만 하는 것이 아니라 이 월급을 어떻게 불려서 부자가 될 수 있는지를 공부하는 것이다. 월급을 모으기만 해서는 부자가 될 수 없다는 것을 깨닫고 부자가 되기 위한 노력을 하는 것이다. 부자들이 쓴 책을 읽고, 부자들의 생각과 행동 습관을 배워 실천하는 것이다. 그리고 자신도 부자가 될 수 있다고 진심으로 믿는 것이다. 스스로가 부자가 될 수 있다는 믿음이 없다면, 부자가 될 수 없다. 자동차 왕이라 불리는 성공한 기업가 헨리 포드는 이런 말을 남겼다.

'당신이 할 수 있다고 믿든, 할 수 없다고 믿든 당신은 항상 옳다.'

할 수 있으면 할 수 있는 것이고, 할 수 없으면 할 수 없는 것인데 이게 무슨 말일까? 스스로 믿는 대로 이루어진다는 뜻이다. 할 수 있다고 믿든, 할 수 없다고 믿든 스스로 믿는 대로 이루어지기 때문이다. 내가 할 수 없다고 믿는 일을 할 수 있을 확률은 극히 낮다. 반대로 할 수 있다고 믿는 일은 언젠가 반드시 이루어진다. 이것이 성공한 사람들의 사고방식이다. 본인이 성공할 수 있다고 굳게 믿으며, 성공한 모습을 항상 상상하는 것이다. 스스로를 믿지 않는 사람이 과연 성공할 때까지 노력을 지속할 수 있을까? 중도에 포기하는 사람이 부지기수일 것이다. 스스로도 확신이 없기 때문에 조금의 시련만 닥쳐와도 포기해버린다. 안 될 것이라 생각하기 때문이다. 그렇기 때문에 우리는 스스로를 믿어야 한다. 그리고 스스로를 믿기 위해 필요한 것이 독서이다.

책에는 성공한 사람들의 생각과 의식, 가치관이 담겨 있다. 그리고 우리는 그 사람들의 스토리와 이야기를 읽으며 나 또한 할 수 있겠다는 자신감이 생기고, 의욕이 생긴다. 하지만 책을 읽다가 말다가 하면, 이 의욕이 유지되지 않는다. 어떤 영화를 봤다고 하자. 정말 감동적이었지만 시간이 지나고 나니 그때의 감동이 옅어진 경험이 있지 않은가? 책도 마찬가지이다. 정말 좋은 책을 읽고, 그 안에서 엄청난 의식의 고양, 동기 부여를 받았다고 하더라도 꾸준히 지속하지 않으면 금방 사라지고 만다. 인간의 사고 습관에도 관성이 있기 때문이다.

사람은 보통 지금 상태를 유지하고자 한다. 지금이 가장 편하고 안전한 상태라고 믿기 때문일 것이다. 간절히 원하는 무언가가 있거나, 현재의 상태가 너무 좋지 않아 절박하게 벗어나고 싶지 않다면 지금의 상태를 유지하고자 한다. 변화를 두려워하고 싫어한다. 그렇기에 지금 그대로, 주어진 대로만 살고자 하는 것이다. 하지만 지금의 상태가 안정적이라고 해서 미래의 상태도 마찬가지일까? 지금의 상태가 정말 안정적일까?

대부분의 직장인은 월급의 노예로 살고 있다. 매달 나오는 월급을 안정적이라 느끼며 별다른 노력을 하지 않는다. 하지만 회사는 철저히 이윤을 추구하는 집단이다. 당신이 회사의 이윤 추구에 방해되거나, 필요 없어진다면 충분히 다른 사람으로 대체될 수 있다. 당신의 월급은 당신의 인생을 책임지지 않는 것이다. 그렇기에 당신은 더욱 노력해야 한다. 당신의 가치를 높이고 당신의 성장을 도모해야 한다. 그러기 위해서는 자기계발을 해야 한다. 그리고 자기계발을 하는 가장 쉬운 방법은 독서이다.

성공한 사람들은 매일 책을 읽는다. 아니, 매일 책을 읽었기에 성공할 수 있었던 것이다. 하지만 무작정 읽기만 해서는 안 된다. 제대로 읽지 않은 책 읽기는 그저 시간 낭비이자, 에너지 낭비가 될 것이다. 제대로 된 책 읽기를 배우고 싶다면 책날개에 적힌 연락처로 나에게 연락하라. 제대로 책 읽는 방법에 대해 알려주겠다. 성공한 사람이 되기 위해서 매일 책을 읽자.

CHAPTER 04

진짜 독서는 취미 독서와 다르다

약으로써 병을 고치듯이 독서로 마음을 다스린다. – 시이저

복권 당첨금이 인생을 바꾸지 못하는 이유

많은 사람들이 본인의 삶이 더 나아지기를 바란다. 더 좋은 집에서 살고 싶어 하고 더 좋은 차를 타고 싶어 한다. 부자가 되고 싶어 한다. 그리고 그들이 주로 택하는 방법은 바로 복권이다. 일확천금의 꿈을 안고 매주 복권을 사는 것이다. 월요일에 복권을 사고 토요일에 당첨된 상상을 하며 한 주를 보낸다. 그리곤 토요일에 당첨되지 않은 복권용지를 찢어버리고 또 다시 다음 주의 일확천금을 꿈꾼다. 복권이 당신의 삶을 바꿔줄 수 있을까? 통계에 따르면 복권 1등에 당첨된 사람의 행복도는 그리 높지 않다고 한다. 복권 1등에 당첨되면 삶이 180도 바뀔 것 같은데, 왜 그럴까?

지난 6월 17일 부산에서 복권 1등에 당첨된 사람이 상습 절도 혐의로 붙잡혔다고 한다. 1등 당첨금은 242억 원, 세금을 제하고 189억 원이라는 거액을 수령했다고 한다. 189억 원 상상이 가는가? 서울의 아파트 평균 금액은 평당 약 2,700만 원이다. 189억 원이면 아파트 약 700평 규모이다. 보통 30평대 아파트에 산다고 가정하면 집이 23채인 것이다. 하지만 그렇게 많은 금액을 받았던 사람이 상습 절도 혐의로 붙잡혔다. 189억이면 별다른 일을 안 해도 먹고살 수 있을 텐데 심지어 절도라니?

그 사람은 한 채에 22억인 아파트 2채를 마련했다고 한다. 하지만 189억의 돈을 탕진하는 데에는 채 5년이 걸리지 않았다고 한다. 189억을 더 불리기 위해 별다른 공부 없이 주식투자도 하고 사업도 했다고 한다. 하지만 평소 해보지 않던 일을 공부도 없이 무턱대고 시작하는 일만큼 어리석은 일은 없다. 복권 당첨금만으로 내 삶이 크게 바뀌지 않는다는 것이다.

만약 그 사람이 평상시에 주식과 부동산, 사업에 관심을 갖고 공부를 했었더라면 어땠을까? 189억 원이라는 자본력을 바탕으로 더 많은 부와 성공을 이룰 수 있지 않았을까? 보통의 사람이 복권 당첨금으로 삶이 바뀌지 않는 이유가 여기에 있다. 거액이 생겼지만 어떻게 굴려야 하고 어떻게 써야 할지를 모르는 것이다. 어찌해야 할 지는 모르는데, 주변에서는 어둠의 손길이 뻗쳐온다. 좋은 투자 정보가 있다며 접근해오는 사기꾼도 있을 것이다. 혹은 주식투자로 대박이 났다는 친구의 친구 이야기도 들려올 것이다. 189억만으로도 이미 평생을 먹고살 수 있는 돈이지만, 더 크게 늘릴 수 있다는 얘기에 혹해서 무작정 투자한다. 그 정보가 올바른 것인지 아닌지 판단할 수 있는 지식도 없다. 고민해본 적 자체가 없기 때문이다.

삶을 바꾸기 위해서는 복권이 아니라 독서가 필요하다. 복권 1등에 당첨되었다는 것은 그저 잠깐의 큰돈이 생겼다는 뜻이다. 이는 내 삶의 변화를 가져올 수 없다. 갑자기 큰돈이 생기니 씀씀이가 조금씩 커지다가 나중에 가서는 앞뒤 분간 없이 쓰게 된다. 하지만 평소에 돈에 대해 공부하고 부자의 돈에 대한 가치관에 대해 공부하고 체화시켜온 사람이라면 어떨까? 당첨금으로 자신의 삶을 더 풍성하고 알차게 꾸려나갈 수 있을 것이다. 평소 생각하던 기부를 할 수도 있고, 정말 원하는 곳에 돈을 쓰고 본인이 공부한 내용을 바탕으로 투자하고 재테크를 할 것이다. 평상시에 독서를 하며 공부를 해놔야 기회가 왔을 때 잡을 수 있는 것이다. 하지만 무턱대고 읽기만 해서는 독서를 했다고 할 수 없다. 책은 글이 아니라 생각의 덩어리이기 때문이다. 책에 쓰여 있는 글이 아니라 그 안에 담긴 생각을 읽을 수 있어야 진짜 책을 읽었다고 할 수 있다.

이것이 취미 독서와 삶을 바꾸는 독서의 차이이다. 취미로 읽는 독서는 재미를 목적으로 하기 때문에 그저 쓰여 있는 글에서 어떤 느낌을 받고 거기서 재미를 얻는다. 하지만 그 뿐이다. 재미를 얻었지만 재미는 그 때뿐이다. 시간이 지나면 다른 감정들과 같이 재미는 점점 옅어진다. 인간이 쉽게 변하지 않는 이유이기도 하다. 하루하루 느끼는 감정 때문에 매일매일 변한다면 주변 사람은 물론 본인 스스로도 너무나 힘들 것이다. 하지만 이 때문에 우리의 삶은 쉽게 변하지 않는다. 지금의 상태를 유지하려 한다. 변화를 싫어하고 두려워하게 된다. 그래서 현재에 적응하고 안주하게 된다.

삶을 변화시키는 진짜 방법, 독서

서커스단에 쓰이는 코끼리는 어렸을 때에 아주 강한 밧줄에 묶어 단단한 나무 밑동에 묶어둔다고 한다. 코끼리는 벗어나려고 발버둥치지만, 아무리 발버둥쳐도 벗어날 수 없다. 어린 코끼리에게 단단한 밧줄과 단단한 나무 밑동은 족쇄이다. 매일 여러 번 시도하던 코끼리는 결국 체념하게 된다. 현실에 적응하게 된다. 묶인 상태를 인정하고 받아들이게 된다. 본인이 벗어날 수 없다고 생각하게 된 것이다. 시간이 흘러 밧줄을 끊어버릴 수 있는 어른 코끼리가 되어도 코끼리는 벗어날 생각을 하지 못한다. 어렸을 때에 이미 체념하고 포기했기 때문이다. 그래서 더 이상 도전하거나 시도하지 못한다. 밧줄을 끊고도 도망갈 수 있지만 그러지 않는다. 아니 그러지 못한다. 이미 어렸을 때 포기했기 때문이다. 우리도 이 코끼리와 같다. 우리는 어렸을 적에 어른들로부터 이런 말을 듣는다.

"부모님 말씀 잘 듣고, 선생님 말씀 잘 들어야 착한 아이지."

그래야만 착하다는 칭찬을 들을 수 있다. 어렸을 적 우리에게는 어른들이 곧 코끼리의 단단한 밧줄이다. 어른들이 하는 말씀을 귀담아 듣고 그대로 행동해야 한다. 사회도 같은 이야기를 한다. 교과서에서도 어른의 말씀을 잘 듣는 순종적인 아이가 되기를 바란다. 욕을 하면 안 된다던가 친구를 때리면 안 된다는 것과 같은 도덕적인 이야기가 아니다. 다른 생각 없이 어른들의 말씀을 100% 듣고 순종하라는 뜻이다. 어른들에게도, 사회에서도 그렇게 자란 아이는 이제 본인의 의견을 내는 것을 포기한다. 스스로 생각하기를 포기한다. 어른의 말씀을, 그리고 사회가 이야기하는 올바른 길을 따르기 위함이다. 그것이 정말 옳은지 아닌지 판단하지 않는다. 그저 주변의 친구들도, 다른 사람들도 그렇게 하기 때문에 따르고자 할 뿐이다.

하지만 그렇게 말 듣고 착하게 자란 아이는 어른이 되어서도 자신의 생각보다는 다른 사람의 의견을 듣고자 한다. 본인 스스로 생각하고 헤쳐나아가야 하지만, 시키는 대로 착하게만 살아왔던 아이는 스스로 도전하지 못한다. 변화하기 위해서는 스스로 판단하고 도전해야 하는데, 그러지 못한다. 그저 조직에 순응하고 주변 사람들과 똑같이 행동하고자 할 뿐이다. 생각하는 법을 잊어버린 사람들은 하루하루를 그저 즐기듯 보낼 뿐이다. 취미독서와 같이 말이다. 취미독서도 스트레스를 해소하거나 재미를 느끼기에 좋은 활동이다. 하지만 취미독서로는 삶을 변화시키기 어렵다.

삶을 변화시키는 독서는 재미가 아닌 성장과 변화를 목적으로 한다. 재미있는 책을 읽는 것이 아니라 내 삶을 변화시키는 책을 읽는다. 그리고 목숨을 걸고 필사적으로 읽는다. 책은 그렇게 읽어야 한다. 작가도 그런 노력으로 책을 썼기 때문이다.

작가는 책에 본인의 경험과 지식을 최대한 많이 담고자 한다. 더 많은 사람들에게 본인의 지식과 경험을 알리고 가르치기를 원한다. 더 많은 사람이 본인의 책을 읽고 변화하기를 바란다. 나도 그런 마음으로 이 책을 쓰고 있다. 당신이 이 책을 읽고 삶에 변화를 가져오기를 바란다. 그리고 당신은 책 한 권 값을 지불하면 이런 작가의 노력을 손쉽게 얻을 수 있다. 다만 책에 쓰여 있는 글이 아니라 책에 담긴 생각을 읽고 이해하여 내 것으로 만들 수 있도록 읽어야 한다. 책에 담긴 생각을 본인의 것으로 만들어 삶에 적용시켜 실천해야 한다. 이것이 삶을 바꾸는 독서이다.

삶을 바꾸는 것은 분명 쉽지 않은 일임에 틀림없다. 하지만 불가능하지도 않다. 꾸준히 노력한다면 당신도 삶을 바꿀 수 있다. 삶을 바꾸기 위한 가장 쉬운 방법은 자기계발이다. 자기계발을 통해 꾸준히 성장한다면 삶을 바꿀 수 있다. 그리고 자기계발의 가장 쉬운 방법은 독서이다. 독서를 통한 자기계발로 당신의 삶을 바꾸기를 바란다.

CHAPTER 05

아주 작은 독서 습관을 쌓아가라

남의 책을 읽는 데 시간을 들여라.
남이 애써 얻은 것으로 자기 자신을 쉽게 개선할 수 있다. – 소크라테스

변화의 임계점을 넘겨라

속담 중에 이런 속담이 있다. '가랑비에 옷 젖는다.' 내리는지도 잘 모르겠는 작은 비가 내 옷을 적신다는 말이다. 너무 작은 비라 별로 신경 쓰지도 않고 있었는데 어느덧 내 옷이 젖어있더라는 뜻이다. 우리는 이 속담처럼 가랑비로 옷을 적셔야 한다. 성공과 변화를 바란다면 말이다.

사람들은 무언가를 할 때, 결과를 빨리 얻기를 바란다. 즉각적인 피드백과 결과를 볼 수 있기 바란다. 하지만 변화는 그렇게 급격하기 일어나지 않는다. 조금씩 쌓이다가 어떤 지점을 넘어서면 변화하게 된다. 마치 물이 끓는 것과 같은 과정이다. 물은 99℃까지 꾸준히 뜨거워지다가 100℃

가 되는 순간 수증기가 되어 날아간다. 변화도 마찬가지이다. 조금씩 변화를 쌓아가야 한다. 물이 수증기가 되기 위해서는 열이 필요하다. 그리고 사람이 변화하기 위해서는 독서가 필요하다.

독서, 특히 독서를 통한 자기계발에는 신비한 힘이 있다. 바로 읽는 사람에게 열정과 에너지를 준다는 것이다. 책에 담긴 작가의 성공 스토리와 실패 사례, 성공 사례들을 읽는 동안 나에게도 동일한 열정과 에너지가 넘쳐난다. 나도 할 수 있다는 생각이 들고, 내 목표를 위해 해야 할 아이디어가 샘솟는다. 이 열정과 에너지가 쌓여야 내가 변화할 수 있는 것이다.

물을 끓인다고 상상해보자. 물을 끓이면 조금씩 온도가 오르다가 100℃가 되는 순간에 수증기로 변화한다. 물을 순식간에 100℃로 올리기 위해서는 엄청나게 높은 열로 순식간에 가열해야 한다. 사람도 마찬가지이다. 당신이 급격하게 변하고자 한다면, 짧은 기간에 정말 많은 노력을 해야 한다. 다른 것은 다 잊고 변화에만 초점을 맞추어 하루 종일, 심지어 잠자는 동안에도 그 일만을 생각하고 정말 미친 듯이 노력해야 한다. 그렇다면 보통의 사람보다 빠른 시일 내에 급격한 변화를 이룰 수 있을 것이다. 하지만 보통 사람이 그런 노력을 하기는 어렵다.

성공한 사람 중에는 죽을 고비를 넘기며 엄청난 깨달음을 얻어 그 전과는 새로운 사람이 된 사람들이 있다. 죽을 고비를 넘겼기에 그는 마음속에 그 때의 깨달음을 잊지 못한다. 인간의 뇌는 생존을 위해 필요한 정보들을 잠재의식에 기억한다. 당연히 죽을 고비를 넘긴 기억은 뇌에 강하게 남는다. 그리고 그때의 깨달음 역시 마찬가지이다. 그것도 아주 깊숙이 각인된다. 그래서 그런 경험을 한 사람들은 이전과 완전히 다른 사람이 되곤 한다. 『골든 티켓』의 작가 브렌든 버처드도 그런 사람 중 하나이다. 브렌든 버처드는 자동차 사고를 크게 당했다.

"10년 전 나는 자동차 사고를 겪었다. 더 이상 희망이 없어보이던 내 삶에 그 사고는 계시와도 같았다. 오그라든 차체에서 빠져나와 피범벅이 된 내 몸을 내려다본 후 별들로 가득 찬 하늘을 쳐다보았다. 그 순간 나를 괴롭혔던 상처와 분노, 후회가 안개 걷히듯 사라지고 평화로움과 감사함만이 온몸을 휘감았다. '이제 전혀 새로운 눈으로 세상을 맛보시오.'라고 씐 초대장이 내 손에 쥐어진 것 같았다. 그 초대장은 바로 '내 인생의 골든 티켓'이었다. 표를 받은 후 나는 정열과 목적이 있는 삶, 자유와 신념이 있는 삶을 얻었다. 그것이 진짜 내 삶이었다."

– 브렌든 버처드, 『골든 티켓』, 네이버 책 작가소개 중에서

죽을 뻔한 경험을 겪고 난 뒤, 브렌든 버처드는 그 경험을 토대로 메신저로서 이 세상에 선한 영향력을 행사하며 엄청난 부와 성공을 이루었다.

하지만 보통 사람이 브렌든 버처드처럼 죽을 고비를 겪기는 어렵다. 일부러 죽을 고비를 겪을 수도 없다. 죽을 고비를 겪는 것도 어렵지만, 죽을 고비를 넘기는 것은 정말 행운이기 때문이다. 그렇다면 우리는 어떻게 해야 할까? 우리는 급격한 변화 대신 조금씩 변화를 쌓아가야 한다. 브렌든 버처드와 같이 부와 성공을 이룬 이들의 지혜와 경험을 배우면 된다. 우리에게 필요한 것은 죽을 뻔한 경험이 아니라 변화이기 때문이다. 그리고 매일 조금씩 변화하기 가장 좋은 방법은 독서이다.

아주 작은 독서의 힘

독서는 작가의 생각과 경험을 읽는 일이다. 그리고 우리는 작가의 생각과 경험을 읽고 생각하며 조금씩 내 안에 변화를 쌓아간다. 작가의 경험을 읽으며 이입하여 간접적으로 경험할 수 있다. 브렌든 버처드의 책을 읽으며 그의 자동차 사고로 죽을 뻔한 경험을 간접 체험할 수 있다. 자동차 사고로 죽을 뻔한 경험을 하고 거기서 깨달음을 얻지 않고 그의 책을 통해 간접적으로 경험할 수 있는 것이다. 물론 직접 경험하는 것만큼의 급격한 변화는 없을 것이다. 하지만 그 경험을 위해 죽을 뻔한 경험을 할 수는 없지 않은가?

우리는 매일 조금씩이라도 독서를 해야 한다. 조금씩의 정의는 사람마다 다를 수 있겠으나, 나는 최소한 하루 1,440분의 1%인 15분 이상을 읽기를 권한다. 15분간 한 개의 꼭지를 읽는 것이 가장 좋은 방법이다. 작가는 한 개의 꼭지에 한 개의 이야기를 담아낸다. 한 꼭지 안에서 작가는 한 가지 주장에 대한 생각과 사례들을 풀어낸다. 작가가 왜 그렇게 생각하는지에 대해 뒷받침할 만한 사례를 제시하거나, 이해하기 쉬운 말로 풀어쓴다. 책은 전달이 목적이기 때문이다.

우리는 매일 조금씩 책을 읽으며 하루하루의 작은 변화와 생각들을 쌓아가는 것이다. 마치 린다 피콘의 책 『365 매일 읽는 긍정의 한줄』과 같이 말이다. 『365 매일 읽는 긍정의 한줄』은 삶의 지혜와 긍정의 힘을 되새겨주는 동서양의 명언들을 매일 한 가지씩 읽을 수 있는 책이다. 매일매일 동서양의 명언들이 적혀 있어 오늘의 날짜에 맞는 명언들을 읽으며 긍정적으로 하루를 시작하게 되는 것이다. 그렇게 긍정의 하루하루가 쌓이다 보면 내 생각 역시 긍정적으로 변하게 된다.

명언 한 줄을 읽는 데 시간이 얼마나 걸릴까? 1분도 안 걸릴 것이다. 그렇게 읽은 명언들도 나에게 긍정적인 기분과 생각을 가져다준다. 그럼 하루의 1%인 15분을 투자한다면 어떤 변화를 가져올까? 나는 이런 독서를 아주 작은 독서라고 부르고 싶다. 매일 이렇게 아주 작은 독서를 쌓아나간다면 결국엔 엄청난 변화를 가져올 것이다. 매일 조금씩 아주 작은 독서를 해나가야 하는 또 하나의 이유가 있다. 바로 관성이다.

아마 당신은 초, 중, 고등학교를 거치며 어디선가 관성의 법칙에 대해서 들어봤을 것이다. 관성의 법칙은 뉴턴의 운동법칙 제 1법칙으로 외부에서 힘이 가해지지 않는 한 자기의 상태를 그대로 유지하려고 하는 것을 말한다. 즉 행동의 지속성과 관련이 있다. 어떤 행동이든 처음에 시작이 어려운 것도 관성의 법칙 때문이다. 현재의 하지 않는 상태를 유지하려고 하기 때문이다. 하지만 어떤 습관이 관성을 갖게 되면, 그다음부터는 오히려 그 습관을 유지하려는 관성을 가지게 된다. 자기계발도 마찬가지이다. 오늘 하루 작은 습관을 가지고 그 습관을 유지해 나가다 보면 나는 자기계발을 하는 습관을 관성으로 갖게 된다. 그 습관이 아주 작은 습관이라 해도 말이다.

당신은 독서의 필요성에 대해서 알고 있을 것이다. 자기계발에 대해서도 마찬가지이다. 하지만 지금은 독서와 자기계발을 하지 않고 있던 지금의 관성을 가지고 있는 상태이다. 이 관성을 독서와 자기계발을 하는 습관으로 바꾸어야 새로운 습관으로 자리 잡아 관성의 방향이 바뀌게 된다. 이것이 아주 작은 독서를 지속해야 하는 이유이다. 당신은 하루 15분이라는 짧은 시간 독서를 하지만, 그 독서가 습관으로 굳어지면 당신은 독서하는 사람이 될 것이다. 이 책과 함께하는 아주 작은 독서는 곧 자기계발로 이어진다. 매일의 아주 작은 독서가 당신의 자기계발을 도울 것이다.

독서에는 힘이 있다. 하지만 독서를 하지 않고 있는 지금 당신은 독서하지 않는 관성을 갖고 있다. 독서로 매일 조금씩이라도 변화를 쌓아가야 하지만 당신에게는 아직 독서 습관이 갖춰지지 않았을 수 있다. 이제부터 아주 작은 독서로 매일의 독서습관을 만들자. 당신의 관성을 독서와 자기계발로 멋지게 변화하는 방향으로 바꾸자. 아주 작은 독서의 힘은 당신의 관성이 바뀌었을 때 조금씩 효과를 보게 될 것이다. 당신의 아주 작은 독서 습관을 응원한다.

CHAPTER 06

목숨 걸고 읽자 변하기 시작했다

그 사람의 인격은 그가 읽은 책으로 알 수 있다. – 새뮤얼 스마일즈

목숨 건 독서의 시작

성공한 사람들을 보면 어떤 사유에 의해 미친 듯이 다독을 한 사람들이 많이 있다. 그중 대표적인 사례가 이랜드 그룹의 박성수 회장이다. 박성수 회장은 대학시절 '근무력증'이라는 진단을 받고 병원에 입원하게 된다. '근무력증'은 근육 신경의 장애 때문에 근육이 쇠약해지고 마비되는 병이다. 근육이 약해지기 때문에 증상이 심하면 아무것도 할 수 없다. 더 심해지면 전신마비가 올 수도 있다. 박성수 회장도 '근무력증'으로 병원에 입원한 뒤에 증상이 심해지면서 하루에 반 이상은 침대에 누워 지낼 수밖에 없었다. 그는 병원에서 아무것도 할 수 없었다. 하지만 유일하게 움직일 수 있는 것이 있었다. 바로 '눈'이었다.

처음에 '근무력증'이 오고, 하루의 반을 침대에 누워있었던 때에 그는 무기력함을 느꼈을 것이다. 하지만 그렇게 있어도 변하는 것이 없다는 것을 깨닫고 할 수 있는 것을 하기 시작했다. 책을 읽었던 것이다. 무기력에 빠져 있던 그가 유일하게 잡을 수 있었던 동아줄이 바로 책이었다. 그래서 그는 목숨을 걸고 책 읽기에 매진했다. 할 수 있는 게 없었기 때문이다. 그 결과 그는 '근무력증'이 완치될 때까지 3년간 3,000권을 읽었다. 그리고 3,000권에서 얻은 지혜와 지식을 모아 이대 앞 작은 옷가게 잉글랜드에서 지금의 이랜드를 일궈냈다. 그는 스스로도 병원에서 읽은 3,000권이 지금의 자신을 만든 원동력이라고 이야기한다. 그리고 이랜드에서도 독서경영을 강조하며 직원들에게 책 읽기를 권장하고 있다.

나는 고등학교 3학년 시절부터 책을 읽기 시작했다. 친구들과의 관계 때문이었다. 내 스스로 친구들에게 쌓았던 벽을 허물고 싶었기 때문이다. 그래서 처음엔 유머에 관한 책을 읽었고, 다른 책들을 읽으면서 자존감에 대해 알게 되었다. 대학교에 입학해서는 도서관에서 자존감을 높이기 위한 책들을 읽기 시작했다. 그러다 자기애에 관한 책들을 읽게 되고, 자기계발서에 빠지게 되었다. 나를 사랑하고 싶었기 때문이다. 내가 더 멋있는 사람이 되면 나를 사랑할 수 있을 것 같았기 때문이다. 그렇게 목적을 갖고 시작한 독서였지만, 시간이 지나며 책에서 재미를 느끼게 되었다. 자기계발서에서 범위가 넓어졌고, 판타지 소설도 종종 읽었다. 이때의 독서는 취미 독서였다. '나를 사랑하기 위하여' 읽는다는 목적은 동일했지만, 남에게 보이기 위해 다독과 속독을 했기 때문이다. 그리고 재미를 느껴 읽었던 것 같다.

그렇게 읽은 책이 200권이 되었다. 물론 그 과정에서도 얻은 것이 있었지만 눈에 띄는 변화는 없었다. 200권을 읽고 나서야 알게 되었다. 나는 책을 읽었지만 남은 게 많이 없다는 사실을. 200여 권을 읽고 기록해두거나 남겨둔 것도 없었고, 기억에 남는 책도 5권 내외였다. 이때에 나는 좀 더 제대로 책을 읽어야겠다는 생각을 했다. 그러고는 독서법에 대해 공부하고 정말 목숨 걸고 읽기 시작했다.

목숨 건 독서가 변화를 가져오다

지난 14년간 나의 자기계발 욕구의 중심은 자존감이었다. 자존감이 높아지면 내가 행복할 것이라고 생각했기 때문이다. 매일매일 자존감에 대해 고민하고 생각했다. 하지만 자존감을 높이기 위한 노력에 절박함이 부족했던 것 같다. 책에서 읽은 내용들을 더 절실히 고민하고 꾸준히 실천에 옮겼더라면 어땠을까 하는 생각이 든다. 하지만 그때의 경험이 있었기에 지금의 내가 있는 것이라고 생각한다. 200권의 독서에서 얻은 게 많이 없었다는 깨달음이 나를 한 번 더 일깨워준 계기가 되었으니 말이다.

그렇게 깨달음이 있은 뒤에 시작한 목숨을 건 독서는 내게 많은 것을 가져다주었다. 가장 큰 변화는 내 자존감이 조금씩 올라가는 게 느껴졌다는 것이다. 10여 년간을 자존감 때문에 고민했던 나였기에 이 사실이 가장 큰 변화라고 느껴졌다. 자존감이 낮았던 나는 계속 남의 눈치를 봤다. 이 사람이 무엇을 원하는지를 빠르게 알아차리고 그것을 이야기하기 전에 먼저 채워주려고 했다. 그 사람에게 좋은 사람으로 인정받고 싶었기 때문이다. 하지만 그런 내 노력을 상대방이 알아주지 않으면 서운했다. 서운함은 쌓여서 그 사람에 대한 서운함으로 나타났다. 그 사람은 내게 아무것도 잘못한 것이 없지만 나 스스로 그 사람에게 서운함을 느낀 것이다. 그럼 상대는 내가 어떤 이유 때문에 삐쳤는지 이유도 모른 체 당하기만 해야 했다. 억울하게도 말이다.

몇 명의 친했던 지인과는 이 문제로 사이가 안 좋아지기도 했다. 내가 갑자기 화를 내거나 짜증을 냈기 때문이다. 상대는 나의 감정을 가라앉히려고 했지만 한번 올라온 나의 감정은 되돌릴 수 없었다. 그렇게 한 번 심하게 욱하고 나면 상대방도 상처를 입고 나와의 관계는 끊어져버렸다.

이런 경험이 몇 번 정도 있고, 나 스스로도 자신에 대한 한심함을 느꼈다. 다 큰 어른이 본인의 감정을 컨트롤하지 못한다고 느꼈기 때문이다. 다른 사람들은 이미 자존감이 높고 본인 스스로를 잘 컨트롤하는 것 같았다. 그렇게 생각했기에 내가 더 한심하게 느껴졌다. 그리고 그 한심함은 나에 대한 비난의 혼잣말로 되돌아왔다.

이런 비난의 혼잣말을 나는 내가 성인이 된 후에도 계속했다. 어느 누구도 나를 욕하지 않았지만 스스로 나의 안티 팬이 되었다. 이때 예민한 내 성격이 한몫했다. 때마다 나는 그 상황에 맞는 나만의 정답을 갖고 있었다. 그것도 아주 세심하게 말이다. '이때에는 이렇게 해야만 해야 한다'는 나만의 정답대로 행동하지 않으면 나를 호되게 비난했다. 내 상태나 감정보다 그 상황에서 타인에게 해야 하는 행동의 정답을 더 중시했던 것이다.

이 모든 과정과 이유를 나는 알고 있었다. 내가 지금 말도 안 되는 이유로 나를 비난하고 있다는 것을 알고 있었다. 그리고 그 상황에서 꼭 내가 그렇게 행동하지 않아도 된다는 사실을 너무나도 잘 알고 있었다. 하지만 나를 비난하는 나에게 거의 평생을 잠식당해온 나였기에 그에 맞설 힘이 너무나도 약했다. 그랬기에 매번 나는 나를 비난하는 나에게 졌다. 그러고 나면 그날의 감정은 최악이었다. 그리고 그렇게 최악인 날이 쌓일수록 내 인생은 행복하지 않았다.

나는 이 상황을 어떻게든 바꾸고 싶었다. 그래서 목숨을 건 독서를 시작했다. 재미를 위해서가 아니라 진짜 내 성장을 위해, 그리고 내 자존감을 위해 절박하게 읽기 시작했다. 한 권 한 권 읽으면서 혼신의 힘을 다해 작가와 나의 의식수준을 맞추고자 했다. 그리고 책에서 하라는 일들을 행하기 시작했다. 감정일기를 써보기도 하고, 나를 사랑한다고 매일 이야기하기도 했다. 그렇게 목숨을 건 독서를 하니, 조금씩 내 자존감이 올라가는 것이 느껴졌다. 내 정신이 조금씩 안정되어가는 게 느껴졌다. 자존감이 올라가고 정신이 조금씩 안정되어가자 내 의식 수준 역시 조금씩 올라갔다. 같은 책을 읽어도 보이는 게 달랐고 와닿는 게 달라졌다. 이전보다 독서에서 많은 것을 얻을 수 있었고, 이는 다시 내 자존감을 올리는 선순환이 되었다.

200권의 그냥 읽던 취미 독서가 아니었다면, 목숨 걸고 읽어야겠다는 생각을 하지 못했을 것이다. 그리고 목숨을 걸고 읽기 시작하자 나 자신이 조금씩 변하기 시작했고, 그 변화는 현재진행형이다. 나는 매일 매일의 독서에서 예전보다 많은 것을 얻고 많은 것을 실천한다. 그리고 그 목숨 건 독서는 정말 나의 변화에 피와 살이 되어준다. 진짜 독서로 자기계발을 하고 있는 것이다.

이 책을 읽는 독자들 중에도 자존감으로 고민이 많은 분들이 있을 것이다. 남들은 다 괜찮은데 나만 자존감 문제로 고민하는 것 같고, 혼자 속으로 끙끙 앓고 있을 것이다. 그렇다면 이제 속으로만 끙끙 앓지 말고 목숨 건 독서를 시작하자. 더 나아질 나를 기대하며 독서를 시작하자. 그냥 글만 읽는 독서가 아닌 작가의 생각을 읽고 실천하여 내 안에서부터 변화를 만드는 독서를 시작하다. 내가 그랬듯 말이다. 나의 변화 역시 현재 진행형이다. 하지만 지금의 나에게는 내면에 힘이 생겼다. 지금의 나는 나의 성공을 확신하고 있다. 이 책이 당신의 변화의 길에 친구이자 멘토가 되었으면 하는 바람이다.

CHAPTER 07

독서로 삶의 임계점을 넘어라

만약 내가 다른 사람들 정도로 독서를 했다면,
다른 사람들 정도밖에 몰랐을 것이다. – 토마스 홉스

흑연 vs 다이아몬드?

임계점이라는 단어를 들어보았는가? 아마 공대생이 아니라면 들어볼 기회가 많지 않았을 것이다. 자기계발서에서 많이 쓰이는 단어 중 하나이기 때문에 들어보았을 수도 있겠다. 자기계발서에서는 '임계점'을 한계점과 비슷한 의미로 사용한다. 물이 100℃를 넘어야 끓듯이 어떤 변화가 일어나기 위해 필요한 최소한의 지점이라고 이야기할 수 있겠다. 독서를 통한 변화에도 임계점이 존재한다. 임계점을 넘지 못한 채로 독서를 포기한다면, 변화는 일어나지 않는다.

성공과 부의 상징인 다이아몬드 역시 임계점을 넘어야만 만들어진다.

다이아몬드는 사실 연필의 재료인 흑연과 같이 탄소로 이루어진 탄소복합물일 뿐이다. 하지만 그 희귀성과 영속성, 그리고 아름다움 때문에 부와 성공의 상징으로 불린다. 오죽하면 회원 등급제로 운영하는 곳에서도 최상위 등급을 다이아몬드로 이름 지었을까. 그만큼 다이아몬드는 귀금속 중에서도 최상등급으로 취급받는 귀중한 존재이다. 이 다이아몬드는 원래 땅속에 있던 탄소 원자들이 화산이 폭발할 때의 그 뜨거운 용암 속에서 열과 압력에 의해 고도로 농축되고, 그 임계점을 넘어야만 만들어진다. 고온의 열과 고압의 극한의 고통을 견뎌내야만 만들어지는 것이다. 그렇게 만들어졌기에 이 세상 최고의 보석으로 대접받는 것이다.

우리도 다이아몬드와 같다. 우리는 지금 아직 땅속에 묻혀 있는 탄소원자들이다. 어떤 과정을 거치느냐에 따라 흑연이 될 수도, 다이아몬드가 될 수도 있는 것이다. 다이아몬드가 되기 위한 임계점을 넘게 되면 이 세상 최고의 보석으로 대접받으며 부귀영화를 누릴 것이다. 하지만 그렇지 않다면 흑연이 되어 생을 마감할 수도 있다. 당신은 어떤 삶을 살기를 원하는가? 흑연의 삶인가, 다이아몬드의 삶인가?

흑연의 삶을 택한 독자라면, 지금 당장 이 책을 덮어도 좋다. 이 책은 당신의 흑연의 삶에 도움을 줄 수 없다. 이 책은 다이아몬드의 삶을 택한 독자에게는 큰 도움을 줄 수 있지만, 흑연을 택한 독자에게는 도움을 줄 수 없다. 다이아몬드로서의 삶을 택했다면 이제 나와 같이 임계점을 넘을 방법을 고민해보자. 고온과 고압을 견뎌내어 임계점을 넘긴 다이아몬드처럼 우리도 그 임계점을 넘겨 다이아몬드로 거듭날 방법을 고민해보자. 나는 그 답을 독서에서 찾았다. 우리는 독서로 그 임계점을 넘길 수 있다. 아니 독서야말로 우리가 할 수 있는 가장 현실적인 방법이다.

우리는 독서를 통해 임계점을 넘어야 한다. 독서 임계점을 넘어야 하는 것이다. 그냥저냥 하는 취미 독서로는 독서 임계점을 넘을 수 없다. 정말 목숨 걸고 최선을 다해 읽어야만 독서 임계점을 넘을 수 있다. 고온과 고압을 견뎌낸 다이아몬드 같이 말이다. 그러기 위해서는 먼저 매일 꾸준히 읽어야 한다. 하루 1,440분의 1%인 15분 만이라도 독서에 투자해보자. 그리고 가능하면 15분 동안 책의 한 꼭지를 읽어보도록 노력해보자. 한 꼭지를 읽으며 단순히 글이 아니라 글에 담긴 작가의 생각을 읽으려 노력해보자. 작가가 어떤 생각으로 이 글을 썼을지 작가의 입장에서 상상해보는 것이다. 작가는 분명히 어떤 것을 전달하기 위해 그 글을 썼을 것이다. 그리고 그 의도를 파악하게 되면 나는 작가의 의식 수준과 비슷한 상태에 도달할 수 있다.

처음에는 어려울 것이다. 마치 문제 출제자의 의도를 파악하는 것과 같이 말이다. 하지만 모든 일이 그렇듯, 많이 읽다 보면 조금씩 나아진다. 작가의 의도 파악이 점점 쉬워지는 것이다. 작가의 의도 파악이 쉬워졌다는 것은 내 의식 수준도 그만큼 올라갔다고 볼 수 있다. 비슷한 수준에서는 더 높은 사람의 생각이 보이지 않기 때문이다. 의식 수준이 올라갈수록 작가의 생각도 잘 보이겠지만, 내 시야도 점점 넓어진다. 보이는 수준이 달라지기 때문이다.

그렇게 작가의 의식 수준을 따라 읽고 내 의식수준을 높이며 이제는 작가의 생각을 내 상황에 맞추어 생각해보는 것이다. 사람은 누구나 자신과 연관된 일이 되었을 때에 가장 잘 받아들이고, 더 관심을 갖게 된다. 하지만 내 일이 아닌 다른 사람의 일로 판단하는 순간 관심과 이해도가 급격히 떨어지게 된다.

내가 살이 찌지 않았을 때에는 방송에서 아무리 운동이나 식단에 관한 내용을 많이 봐도 그저 흘려서 재미로 볼 뿐이다. Story On 채널에서 인기리에 종영한 〈다이어트워〉와 같이 참가자들이 다이어트에 도전하는 프로그램을 보더라도 그저 재미로, 혹은 그들의 도전하는 모습에 감동을 받아 볼 뿐이다. 하지만 내가 살이 쪄서 그것이 내 문제가 되는 순간 〈다이어트워〉에 나온 운동 프로그램과 식단들에 관심이 생기게 된다. 다이어트가 내 문제이기 때문이다. 독서도 마찬가지이다. 책을 읽으며 그 책의 이야기가 나와 관계를 갖게 되는 순간 그 책의 내용이 와닿는 수준이 달라진다. 그리고 책에 담긴 작가의 생각을 내 것으로 만들고 작가와 의식 수준이 비슷해지면 그때부터 내면의 변화가 시작된다. 내면의 변화는 행동의 변화를 이끌어낸다. 부정적이었던 사람이 긍정적인 사람이 되면 그가 바라보는 세상은 그 전과 180도 달라질 것이다.

독서로 변화의 임계점을 넘다

나는 자존감 때문에 매우 부정적인 사람이었다. 스스로에게도 가혹할 정도로 높은 잣대를 요구했지만 남에게도 마찬가지였다. 세상 모든 것이 부정적으로 보였고, 표정도 늘 어두웠다. 삼성전자에 입사하기 전까지는 정말 모든 사진에서 웃는 모습을 찾기 어려울 정도였다. 자존감에 대한 깊은 고민과 우울한 감정이 가득했기 때문이다. 그래도 삼성전자에 입사하고 주변의 인정도 받고 돈도 벌기 시작하면서 우울한 감정이 조금 치유되었다. 물론 그 과정 속에서 목숨 건 1년간의 독서가 있었지만 말이다. 하지만 그 1년의 시간 이전에는 정말 말도 못했다. 지나가다가 시비나 안 걸리면 다행이었다. 무표정으로만 있어도 사람들이 화났냐고 물어볼 정도였다.

한 번은 자기계발 강의를 들으러 갔었다. 군 제대를 하고 자기계발을 하고 싶어 찾아간 강의였다. 신촌의 한 스터디 공간에서 11명의 소규모로 강의가 시작되었다. 강의는 너무나 좋았고 만족스러웠다. 그렇게 1교시가 끝나고 쉬는 시간이 되었다. 화장실에서 강사 분을 만나게 되었는데, 조심스레 이렇게 묻는 것이었다.

"혹시 오늘 강의 중에 마음에 안 드는 부분이 있으세요?"

나는 당황했다. 나름대로는 너무 만족하고 듣고 있었는데, 이런 질문을 받게 되니 말이다. 그 때 정말 잘 듣고 있다고 얼버무리며 화장실을 빠져 나왔던 기억이 난다. 나는 그 정도로 어두운 사람이었다. 부정적이고 불만이 가득한 사람이었다.

하지만 독서는 나의 내면의식을 긍정으로 바꿔주었고, 지금은 행복하고 밝은 사람으로 통하고 있다. 스스로도 하루하루가 너무 행복하고 감사하다. 그 전의 부정과 불만이 가득했던 내 모습이 서서히 바뀌는 게 느껴졌고, 지금은 부정보다는 긍정의 상태일 때가 많다. 항상 웃고, 행복을 느끼며 하루하루를 살고 있다. 이 모든 것은 독서 임계점을 넘겼기 때문이었다. 독서 임계점을 넘겨 내면으로부터의 변화가 일어났기 때문이다.

독서 임계점을 넘기지 못했던 시절의 나는 아직은 안에 작은 변화들을 쌓아가고 있었다. 그렇기에 내 스스로도 변화를 알아차리지 못하고 있었다. 하지만 독서 임계점을 넘어서자 확실히 알 수 있었다. 내가 변했다는 것을 말이다. 만약 내가 독서 임계점을 넘기지 못한 상태에서 포기했더라면, 아마 지금도 부정의 아이콘으로 통했을 것이다. 어딜 가나 불평불만을 내뱉고 다녔을 것이다. 어디를 가든 환영받지 못하는 인물이 되었을 것이다. 이 얼마나 불행한 인생인가?

이 책을 읽고 있는 당신도 독서 임계점을 넘기길 바란다. 독서 임계점이

언제 채워질지는 아무도 모른다. 나와 같이 부정으로 가득 찼던 사람이면 오래 걸릴 수도 있고, 그렇지 않을 수도 있다. 의식을 고양시켜주는 좋은 책들을 많이 읽으면 더 빠르게 변할 수도 있고, 그렇지 않을 수도 있다. 하지만 분명한 사실은 아예 독서를 하지 않으면 아무것도 변하지 않는다는 사실이다. 그러니 나를 믿고, 독서 임계점을 넘기기 위한 독서를 하자. 이 책이 제대로 된 독서를 통해 당신의 변화에 도움이 되었으면 한다.

CHAPTER 08

책을 가볍게 생각하지 마라

책을 읽는 데 어찌 장소를 가릴쏘냐. – 퇴계 이황

취미가 독서인 사람들

소개팅을 나가던, 사람을 만나던 보통 많이 물어보는 질문 중에 이런 것이 있다.

"취미가 뭐예요?"

"보통 쉬는 날에는 뭐 하세요?"

심지어 외국어를 배울 때에도 이 질문은 꼭 배우는 것 같다. 아마 사람을 만났을 때 서로 공통점을 찾기 위해 하는 질문이기 때문에 그런 것 같다. 취미가 그 사람이 좋아하는, 쉴 때 즐기는 활동이기 때문에 그럴 것이다. 관심이 많기 때문이다. 아마 독서가 취미인 사람도 있을 것이다. 쉬는 날, 카페에 앉아 아메리카노 한 잔을 마시며 책을 한 권 읽는 것이 힐링이라며 말이다. 하지만 독서로 삶을 바꾸려면 독서가 취미여서는 안 된다. 독서가 생활 그 자체가 되어야 한다.

아마 이 세상에 '독서가'라는 직업은 없을 것이다. 왜냐하면 독서만 하는 걸로는 경제활동을 할 수 없기 때문이다. 책만 죽어라 읽는다고 누가 나에게 돈을 주지도 않을 것이다. 또 누가 인정해주지도 않을 것이다. 오히려 앉아서 편히 책만 읽은 한량 취급을 받을지도 모르겠다. 책 읽는 사람에게 열심히 산다며 인정해주는 세상이 아닌가? 근데 종일 책을 읽는다고 해서 오히려 손가락질을 받는다니? 말이 안 되지 않는가? 그것은 독서라는 행위는 독서 그 자체로 의미를 갖지 않기 때문이다. 독서는 독서만으로는 별 의미가 없다. 앉아서 책만 읽는데 무슨 의미가 있겠는가? 독서는 독서 이후의 성과 때문에 하는 것이다. 책을 읽으며 내면의 변화가 생기고 행동의 변화가 생기기를 바라며 읽는 것이다. 즉, 삶을 바꾸기 위해 책을 읽는 것이다.

그렇기 때문에 삶을 바꾸는 독서는 단순히 취미로 읽는 독서와는 달라야 한다. 취미로 읽는 독서는 그저 매일 책만 읽는 것과 다르지 않다. 취미 삼아, 쉬는 시간에 읽는 독서로는 인생을 바꾸기 어렵다. 그럼 어떻게 읽어야 할까? 어떤 독서를 해야 할까? 내 생활에서 독서의 우선순위를 높여야 한다. 독서가 내 생활이 되어야 한다. 독서가 내 생활이 되어 더 깊이 있게 읽기 시작하는 순간 내 삶의 변화가 시작된다.

나 역시 전에는 누가 물어보면 취미가 독서라고 이야기하고 다녔다. 독서를 좋아하기도 했지만, 독서가 취미라고 이야기하는 내 자신이 멋있어 보였기 때문이다. 그리고 별다른 취미가 없었기 때문이기도 했다. 딱히 좋아하는 것이 없었기 때문에 만만한 독서를 취미라고 이야기했던 것이다. 실제로도 독서를 취미로 하고 있었다. 저 위에 써놓은 카페에서 아메리카노와 함께 책 읽는 사람이 나였기 때문이다. 그러고는 꼭 인증 샷을 찍어 SNS에 올렸다.

'주말에는 역시 시원한 카페에서 책 읽기'

이런 문장을 담아 포스팅을 올리곤 했다. 그리고 포스팅에 눌리는 '좋아요'와 댓글을 즐기곤 했다.

'우와, 주말인데 열심히 사시네요.'
'열심히 사는 모습 보기 좋습니다.'

이런 댓글들을 볼 때면 내가 무엇이라도 된 것 처럼 으스대었다. 하지만 실상은 그저 보여주기식 독서였다. 혹은 내 재미를 위한 독서였다. 남는 게 없이 그저 재미를 위해 취미로 읽었던 것이다. 카페에서 커피 한 잔과 함께 읽은 책은 재미있다. 시간도 잘 가고, 읽고 있으면 내가 무엇이라도 된 것 같다. 그러다보면 어느덧 시간이 흘러 있다. SNS에 올린 포스팅에도 '좋아요'와 댓글이 쌓여 있다. 그 댓글과 '좋아요'들을 보며 만족스러운 마음으로 집에 가는 것이다. 책을 읽은 것인지, SNS를 한 것인지 모른 채로 말이다. 나의 경우는 그랬다.

삶을 변화시키는 독서는 생활이다

기왕 하는 독서, 취미가 아니라 삶을 변화시킬 수 있다면 더 좋지 않겠는가? 즐거움과 재미를 위해 읽을 수도 있지만 그 안에서 내 성장을 이룰 수 있다면 더 좋지 않을까? 위로와 힐링 관련 책들이 많이 나오고 있다. 그만큼 힘들어하는 사람들이 많다는 것이다. 나도 그중에 하나였다. 나도 매일을 힘들다고 생각하며 힐링과 위로가 되는 글들을 읽었다. 그리고 힐링과 위로를 얻었다. 하지만 내면이 변하지 않으면 그 힐링과 위로는 오래 가지 않았다. 나를 괴롭히는 그 환경이 변하지 않으면 나는 다시 힘들어졌다. 내가 힘든 진짜 이유가 해결되지 않고 그저 위로만 받아서는 다시 힘들어 진다.

김상운 작가의 『직장인을 위한 왓칭수업』에 보면 상사나 부하직원에 대한 불만이 많이 나온다. 상사나 부하직원 때문에 회사생활이 힘든 것이다. 그들에게 필요한 건 자신을 괴롭히는 상사나 부하직원이 없어지는 것일까? 회사생활을 힘들게 하는 그 사람들이 없어지면 행복해질까? 아마 아닐 것이다. 그 사람들이 없어진다고 해도 다른 사람들과 다른 환경이 그들을 괴롭힐 것이기 때문이다. 혹은 그들 때문에 다른 사람들이 괴로워하고 있을 수도 있다. 그런 말 있지 않은가.

'어딜 가나 또라이는 한 명씩 있다. 만약 또라이가 한 명도 없다면, 당신이 그 또라이다.'

나는 누군가의 또라이가 되고 싶지도 않고, 또라이 때문에 힘들어하고 싶지도 않다. 당신도 마찬가지일 것이다. 그럼 어떻게 해결해야 할까? 내가 힘든 원인은 대부분 나에게 있다.

'무슨 말이냐, 또라이를 만난 게 내 잘못이라는 얘기냐?'

사실이 그렇다. 또라이를 만나든 천사를 만나든 결국 모든 변화는 내 안에서 시작되어야 한다. 내가 변하지 않는 이상 세상 어느 것도 변하지 않는다. 내 안에서 변화가 시작되는 순간 세상도 변하기 시작한다. 그리고 이 변화를 만들기 위해서는 취미독서로는 부족하다.

독서라는 행위는 책을 읽는 것이다. 책을 읽는 것은 글이 아니라 작가의 생각을 읽는 것이다. 책이라는 물건 자체가 작가의 생각을 글로 담아낸 것이기 때문이다. 작가의 생각을 읽고 그 생각이 내 것으로 소화될 때에 진정한 독서를 한 것이다. 하지만 취미로 하는 독서로는 이 수준으로 읽기가 어렵다. 그저 글이 주는 즐거움만을 느끼기 때문이다. 글에서 즐거움을 얻고, 위로를 받고, 에너지를 얻을 수도 있다. 하지만 내면이 깨져야 삶을 변화시킬 수 있다.

삶을 변화시키는 독서는 취미가 아니라 생활이어야 한다. 매일을 꾸준히, 그리고 제대로 읽어야 한다. 독서가 생활의 우선순위가 되어 내 생활 속에 녹아들어 자연스레 행해져야 한다. 나는 매일 책 2권을 들고 다니며 책을 읽고 있다. 그리고 책을 읽을 때에는 최대한 집중해서 작가의 생각을 읽으며 읽는다. 작가의 생각과 대화를 나누며 내 생각으로 해석해서 읽는다. 중간중간 취미 삼아 재미 삼아 가볍게 읽는 책들도 있다. 하지만 진짜 내 삶을 변화시킬 생각으로 읽는 책은 절대 취미로 읽지 않는다. 삶을 변화시키고 싶은가? 그럼 독서를 취미가 아니라 생활로 생각하고 읽어라. 도움이 필요하다면 책날개에 적혀 있는 내 연락처로 연락하라. 당신에게 필요한 도움을 주겠다.

04 『시간 창조자』, 로라 밴더캠, 책읽는수요일

"인생은 결국 168시간(일주일)의 모자이크다."

대학생 때부터 시간 관리는 내 가장 큰 화두였다. 성격이 급한 완벽주의자였던 나는 비는 시간을 어떻게든 잘 쓰고자 했다. 덕분에 정말 많은 시간 관리 책들을 읽었다. 하지만 다 거기서 거기고 비슷한 얘기만 한다는 생각이었다. 그러다 만난 『시간 창조자』는 신선한 충격이었다.

제목부터 내 눈을 끌었다. 시간을 창조한다는 건 신만이 가능한 일이 아닐까? 그래서 나는 당연히 이 책을 집어 들고 읽기 시작했다. 그리고 이 책은 시간에 대한 내 생각을 180도 뒤집어놨다.

변화하는 데 가장 필요한 것은 무엇일까? 바로 생각과 관점의 변화이다. 행동을 먼저 해서 생각을 바꾸든, 생각을 바꿔 행동이 바뀌든 생각이 바뀌어야 그 행동

을 지속할 수 있다. 그리고 시간 창조자는 나에게 시간은 관리하는 게 아니라 창조한다는 새로운 관점을 주었다.

덕분에 내 시간관리 다이어리는 내가 정말 원하는 방향으로 창조되어가고 있다. 내 진짜 핵심역량에 집중되어 소비되는 것이 아니라 투자되고 있다. 이는 단순히 자투리 시간을 잘 쓰는 것과는 다른 이야기이다. 전의 내가 방향감 없이 무작정 열심히 뛰었다면, 이 책을 통해 목적지에 가기 위해 해야 할 것들을 일주일에 배치하고 실천에 옮기고 있다. 시간은 관리하는 게 아니라 창조하는 것이다.

PART 3

365권으로

완전히

다른

내가

되었다

CHAPTER 01

1년간 365권 목숨 걸고 읽었더니!

내가 인생을 알게 된 것은 사람과 접촉해서가 아니라 책과 접했기 때문이다.

– A. 프렌스

취업 1년 만에 매너리즘이 찾아오다

'당신에게 1년은 어떤 시간인가?'

'1년' 이라는 시간은 길다면 길고 짧다면 짧은 시간이다. 직장인이라면 연봉이 바뀔 것이고, 학생이라면 한 학년 올라갈 것이다. 한 학년을 올라간다는 것은 그 학년에서 배울 것을 배웠다는 의미일 것이다. 충분히 배웠기에 다음 학년으로 넘어가 더 심화된 공부를 하라는 의미일 것이다. 나에게는 한 학년보다 훨씬 큰 의미의 1년이 있었다.

나는 2013년에 지금의 회사에 입사했다. 그 전에 2번이나 불합격의 고

배를 마셨던 회사였기에 합격했을 때 정말 기뻐했다. 아직도 합격 확인하던 날, 동생과 부둥켜안고 집안에서 방방 뛰었던 기억이 난다. 하지만 인간은 역시 적응의 동물이던가, 그렇게 설레고 기뻤던 입사도 시간이 지나니 그저 하루하루의 일상이었다. 매일매일 반복되는 일상 속에서 재미보다는 지루함이 찾아왔다. 거기에는 독서를 잠시 멈췄던 것도 한몫했다. 대학생 때까지 자기계발서를 읽으며 의식성장을 도모했던 나였는데, 회사에 다니며 책을 잠시 멀리했었다.

나는 집에서 출퇴근을 했다. 회사는 경기도 화성시에 위치하고 있었다. 차로 1시간 정도 걸리는 거리였다. 하지만 차도 없었고, 회사에서는 통근버스를 운행했기에 통근버스를 타고 출퇴근을 했다. 통근버스를 타기 위해서는 5시 정도에 일어나야 했다. 출퇴근에 약 2시간 정도가 소요되었다. 고등학교 시절에는 4시간씩 자며 등하교를 했고, 대학교 때는 아침 6시에 일어나 도서관 문이 열면 1등으로 들어가곤 했다. 고등학교 때부터 매일 아침 일찍 일어나는 것에는 적응이 되어 있던 것이다. 하지만 회사일을 하며 그렇게 적은 시간을 자고 출퇴근을 하는 것은 쉬운 일은 아니었다.

처음에는 적응이 되지 않아 출근 버스에서 잠을 자곤 했다. 퇴근 버스에서는 더욱 잠이 고팠다. 그렇게 출퇴근 버스에서 잠을 자자, 내게 책을 읽을 시간은 주어지지 않았다. 그렇게 나는 책과 멀어지게 되었던 것이다.

종종 주말에 동네 도서관에서 책을 빌려 읽곤 했지만, 대학 시절의 그 열정은 남아 있지 않았다.

대학시절부터 나의 꿈은 강사였다. 남들 앞에서 발표하는 것을 좋아했고 말하는 것을 좋아했기 때문이다. 그리고 나의 말로 다른 사람에게 좋은 영향을 주는 것을 좋아했다. 동기를 부여해주는 일을 좋아라했다. 아직도 기억에 남는 칭찬 중에 하나는 '남들이 모르는 내 장점을 찾아주었다'는 칭찬이다. 그렇게 한 명 한 명의 가슴속에 자신감을 심어주고 의욕을 북돋아 주면, 그만큼 보람찬 일이 없었다. 나의 말로 다시금 일어서는, 기운이 생기는 친구들을 볼 때면 나의 자존감도 올라갔다.

하지만 강사가 되기 위해서는 무엇을 해야 할지 몰랐다. 주변에 강사가 없었기 때문이다. 그래서 책만 찾아보고, 인터넷 검색을 했다. 보통의 경우 강사 양성 과정을 듣게 되면 그 과정에서 운영하는 강의에 내가 강사로 가는 식이었다. 내가 원하던 강사의 느낌은 아니었지만 그렇게라도 해야만 할 것 같았다. 그러던 중, 친구가 나에게 강사 한 분을 소개시켜주었다. FYC 연구소의 김승환 소장님이었다.

친구는 '취업특강'이라는 교양수업에서 김승환 소장님의 강의를 들었고, 평소 강사의 꿈이 있던 내게 그분의 연락처를 알려주었다. 나는 그분께 연락을 했고 그렇게 김승환 소장님과 만나게 되었다. 소장님과 대화를 나누며 내가 강사의 꿈을 갖게 된 이유와 소장님의 스토리를 듣게 되었다. 하지만 생각보다 강사의 길은 쉽지 않았다. 소장님께서는 아무것도 이룬 것이 없는 어린 대학생의 강연을 들을 사람은 많지 않다고 하셨다. 그리고 나도 동의했고 그때에 대기업에 가야겠다는 생각을 했다. 막연히 대기업에서 성공한 모습을 갖고 후에 강사를 하고 싶었던 것이다.

하지만 회사 일에 파묻혀 지내다 보니 강사의 꿈은 조금씩 잊고, 꿈을 잃자 매너리즘이 온 것이다. 그러다가 어느 순간 내가 매너리즘에 빠져 있는 모습을 깨닫고 다시금 의욕을 올리기로 결정한다. 그래서 독서를 시작했다. 상황은 여의치 않았다. 인천에서 출퇴근할 수밖에 없었기 때문이다. 집에는 어머니와 여동생만 있었기에 내가 집에 있어야겠다는 판단에서였다. 하지만 어딘가에 반드시 해답이 있다는 생각으로 나는 방법을 찾기 시작했다. 그리고 출퇴근 버스에서 책을 읽기로 결심했다.

목숨 건 두 번째 독서의 시작

나는 고등학교 때부터 백팩을 들고 다녔고, 가방 안에는 책 2권을 챙겨 다녔다. 회사에 와서도 백팩을 갖고 다녔고, 그 안에는 책이 있었다. 하지만 그 책들이 빛을 보는 일은 적었다. 통근버스에서 읽기 위해 챙겼지만 버스에 타는 순간 졸음이 쏟아졌기 때문이다. 그리고 책을 읽기로 마음먹은 나는 통근 버스에서 책을 읽기로 했다. 그러기 위해서 일찍 잠자리에 들기로 한 것이다. 잠자리에 일찍 들었다고 해도 습관은 무서웠다. 버스에 타면 눈이 슬슬 감겼다. 하지만 이 역시 습관으로 극복했다.

책 2권은 내가 흥미를 갖고 있는 책으로 선정했다. 전날 밤에 재미있어 보인다 싶은 책을 2권 골랐다. 그리고 백팩에 챙겨두었다. 그리고 다음 날 버스에서 그 책을 읽는 나 자신을 상상했다. 상상의 힘은 정말 엄청나다. 특히나 자기 전에 그렇게 상상하는 것은 더욱 힘이 세다. 상상으로 내 무의식에 그 모습이 각인되기 때문이다. 그렇게 만발의 준비를 갖추고 나면 다음 날 버스에서 책을 읽을 수 있었다. 그렇게 1년간 목숨 건 두 번째 독서시대가 시작되었다.

버스는 6시 즈음에 출발하여 6시 30분이 되면 불이 꺼졌다. 나에게는 30분의 독서 시간이 있던 것이다. 초반에는 그 30분의 시간에만 책을 읽었다. 하지만 곧 방법을 발견했다. 통근 버스는 관광버스였고, 관광버스에는 보통 독서등이 있다. 나는 버스에 타며 기사님께 독서등을 켜달라고 말씀드리고 불이 꺼진 버스 안에서도 책을 읽곤 했다.

아침 일찍, 거의 새벽 시간에 출발하는 버스이기에 다른 사람들은 잠을 자거나 핸드폰을 만지작거렸다. 하지만 나는 책을 읽고 있었다. 그것도 독서등을 따로 켜서 말이다. 나는 그런 내 모습이 뿌듯했다. 하루하루 내가 성장하고 있음을 믿었다. 그랬기에 독서를 지속할 수 있었다. 하지만 대학생 때처럼 보여주기 위한 독서를 하지는 않았다. 당시의 나는 중고서점에서 주로 책을 구매했는데, 스테디셀러나 고전으로 통하는 자기계발서들을 주로 읽었기 때문이다. 그런 거장들의 책을 읽을 때면 내 가슴속에는 다시금 의욕이 불타올랐다.

그렇게 1년간 목숨 걸고 읽었더니 나는 다시금 예전의 모습을 되찾았다. 다시 꿈을 꾸게 되었고 목표를 찾게 되었다. 목표가 있는 사람은 지칠 수 없다. 나는 지금도 출근 버스에서의 독서를 계속하고 있다. 습관의 힘에 의욕의 힘을 더해 즐겁고 재미있게 독서하고 있다. 목적이 분명해진 독서는 내 의식을 성장시키고 고양시켜준다. 나는 앞으로도 꾸준히 읽을 것이고, 독서 습관을 이어나갈 것이다. 내가 불 꺼진 버스 안에서 독서등을 생각해낸 것처럼 읽고자 한다면 방법은 어딘가에 있다. 부디 안 된다는 생각을 버리고 방법을 찾아 당신의 독서를 이어나가기를 바란다. 독서 습관, 방법에 대한 코칭이 필요하다면 책날개에 적혀 있는 내 연락처로 연락하라. 방법을 알려주도록 하겠다.

CHAPTER 02

어느새 진짜 나를 찾게 해주었다

나는 재산도 명예도 권력도 다 가졌으나,
생애 중 가장 행복했던 순간은 독서를 통하여 얻었다.
독서처럼 값싸고 영속적인 쾌락은 없다. – 몽테스키외

1년간 365권을 읽다?

365라는 숫자는 우리에게 많이 익숙하다. 1년이 365일이기 때문이다. 그리고 나는 내 인생에서 '365'에 새로운 의미를 부여하고 찾았다. 365권이 내 인생을 바꿔주었기 때문이다. 나는 1년간 목숨 건 365권 독서로 내 인생을 바꿨다. 그 이야기를 지금 해보려 한다.

1년에 365권을 읽는다는 것은 매일 한 권씩을 읽는다는 이야기이다. 아마 당신의 머릿속에는 이런 생각이 들었을 것이다.

"1년에 365권? 하루에 한 권씩 읽는 게 가능해요?"

"책 읽을 시간이 부족해서 그렇게 읽을 수 없어요."

"그건 독서 고수들만 가능한 이야기예요. 저같이 평범한 사람은 불가능해요."

다 맞는 말이다. 하지만 다 틀린 말이기도 하다. 미국의 자동차 왕 헨리 포드는 이런 명언을 남겼다.

'할 수 있다고 믿든, 할 수 없다고 믿든 당신은 항상 옳다.'

당신이 할 수 있다고 믿는다면 할 수 있을 것이다. 하지만 할 수 없다고 믿는다면 당신은 할 수 없을 것이다. 어떤 것을 믿어도 그것은 진실이 된다.

학창시절 게임을 하느라 밤을 새워본 적이 있는가? 혹은 좋아하는 가수의 콘서트 표를 예매하기 위하여 밤을 새워본 적이 있는가? 그때는 콘서트 표를 꼭 구해야겠다는 의지와 설렘에 혹은 게임하는 재미에 밤새는 줄도 모르고 했을 것이다. 나 역시 중학생 때 '디아블로 2'라는 게임을 미친 듯이 했었다.

나는 중학교 2학년 때에 그 게임을 처음 알게 되었다. 그 게임은 초등학교 시절 유행했던 '스타크래프트'라는 게임을 만든 블리자드 사의 게임이었다. 학교에서 친구들과 모이면 다들 '디아블로 2' 이야기를 했다. 서로 좋은 아이템을 얻은 것을 무용담처럼 이야기했다. 그리고 나 역시 그 시절 혈기왕성한 남자아이였고, 좋은 아이템을 얻기 위해 밤을 새워 게임을 했다. 나도 좋은 아이템을 먹어서 친구들에게 자랑하고 싶었기 때문이다.

나는 조심조심 컴퓨터를 켜고 소리죽여 밤을 새워 게임을 했다. 부모님께서 아시면 꾸중을 들을 게 뻔했기 때문이다. 지금 생각해보면 그렇게까지 힘들게 게임을 해서 얻는 게 뭐가 있었나 싶다. 다음 날 학교에선 피곤했지만 언제 아이템이 나올지 몰랐기 때문에 계속 밤을 지새며 게임을 했다. 그렇게 2년을 보냈던 것 같다. 지금 생각해보면 진짜 대단한 열정이었다. 불가능할 것 같은 밤샘 게임을 2년이나 했다니 새삼 내가 대견스럽다. 아이템에 대한 욕구, 그리고 친구들에게 자랑하고 싶은 마음이 있었기에 가능했다. 하루에 한 권 책 읽기도 확실한 목적과 욕구가 있다면 가능하다. 나 역시 그렇게 했기 때문이다.

365권을 읽을 수 있는 현실적인 방법

회사에 취직하고 1년 뒤에 매너리즘이 찾아왔다. 그리고 매너리즘을 극복하기 위해 책을 읽기 시작했고 그중에 『독서천재가 된 홍대리』를 읽게 되었다. 처음엔 그저 가볍게 읽기 시작했는데 내 독서 마인드에 도움이 되었다. 책의 내용 중에 1년에 365권을 읽는 과제가 나온다. 그리고 주인공은 그 과제를 하며 많은 것을 깨닫는다. 나 역시 깨달음이 필요했다. 대학

시절과는 다른 더 수준 높은 깨달음을 얻고 싶었다. 더 성장하고 싶었다. 그래서 나도 1년에 365권 읽기를 실천해보기로 결심했다.

처음엔 365권의 벽이 너무나 높게 느껴졌다. 1년 동안 하루에 한 권씩 읽어야 한다니. 하지만 나는 매너리즘에서 벗어나 더 성장한 나를 만나고 싶었기에 마음을 다잡았다. 그리고 나만의 프로젝트 '1년에 365권 읽기(이하 1365)'를 시작했다. 1365를 위해 가장 먼저 시작한 일은 독서시간의 확보였다. 하루라는 시간 속에 사는 우리에게는 시간이 한정되어 있기 때문이다. 나는 당시에 주로 출퇴근 시간에 책을 읽었다. 출퇴근 시간이 보통 3~4시간이 걸렸지만 그 시간만으로는 시간이 부족할 것 같았다. 그래서 추가한 것이 점심시간이다. 다 같이 식사를 마치고 올라와서 30분 정도 시간이 있었고 나는 그 시간에 책을 읽기로 했다. 그렇게 하고 나니 하루에 책을 70% 정도는 읽을 수 있었다. 하지만 하루에 한권을 읽기에는 부족했다. 그래서 마지막으로 화장실을 갈 때에 책을 가지고 가서 읽었다.

중국 당송 8대가로 불리는 문인 '구양수'라는 분은 이런 말을 남겼다.

'책 읽기 가장 좋은 곳은 마상(馬上), 침상(枕上), 측상(厠上)이다'

여기서 말하는 '마상'은 말 위를 뜻한다. 요즘으로 치면 대중교통에서라고 볼 수 있겠다. 그리고 침상은 베개 위, 측상은 화장실 변기 위이다. 지금 와서 보니 나는 그중 2곳의 장소에서 책을 읽고 있었다. 화장실에 갈 때에 책과 필통을 챙겨가는 것이 이상하게 보일 수도 있겠지만 나는 신경 쓰지 않았다. 그 때의 내 머릿속에는 온통 '1년에 365권 읽기'만 있었기 때문이다.

그렇게 책 읽을 시간을 확보하며, 나는 동시에 독서 방법에 대해 실천하기 시작했다. 예전에 읽던 독서법에서 말하는 발췌독에 대해서 제대로 실천해보기로 한 것이다. 처음에는 무작정 처음부터 끝까지 읽었다. 그러다 내가 아는 내용이나, 내 목적과 필요 없는 내용이 나오면 빠르게 훑어가며 읽었다. 발췌독의 시작이었다. 그리고 조금 더 진화해서 목차를 보고 내가 필요한 부분만 읽기 시작했다. 발췌독으로 읽자 책 읽기에 대한 내 부담감은 반감되었다. 발췌독에 대한 자세한 내용은 이 책의 4장을 참조하기 바란다. 나는 이 전략으로 365권 읽기에 성공했다. 그리고 1365의 성공은 나의 변화를 가져왔다.

시대가 변해가면서 이제 남들과 똑같은 것이 아닌 '나다운 것'을 찾는 것이 트렌드가 되었다. 나다움, 개성, 나만의 색깔을 찾아 나답게 사는 것이 행복한 삶이기 때문이다. 진짜 내가 어떤 사람인지도 모르면서 남을 따라하는 것만큼 어리석은 것이 어디 있을까. 내 욕구가 아닌 남의 욕구를 내 욕구인 것처럼 착각해서 사는 삶은 행복할까?

나는 낮은 자존감 때문에 내 욕구보다 남의 욕구에 맞춰서 행동했다. 내가 원하는 바를 이야기하는 것이 상대방에게 실례가 될 것이라 생각했다. 그래서 남의 눈치를 많이 보게 되었고, 상대방에게 필요한 것을 더 잘 캐치할 수 있게 되었다. 하지만 진정한 내 욕구대로 행동하는 법은 배우지 못했다. 대화를 하면서도 상대방의 질문에 내가 생각하는 대답이 아니라 '이 사람이 원하는 대답이 무엇일까?'를 항상 고민했다. 그리고 상대방이 원하는 반응을 보여주기 위해 노력했다. 그러면서 점점 나는 내 자신에 무감각해지고, 내가 누구인지 내가 무엇을 원하는지에 대해서는 거의 알지 못했다.

나에 대해, 내가 무엇을 원하는지에 대해 안다는 것은 내가 지금 배고프다는 것을 아는 것과는 다르다. 내 몸은 내가 살아가는 데 필요한 영양분을 얻기 위해 내게 배고프다는 신호를 보낸다. 이는 그저 몸의 생존을 위한 본능적인 반응일 뿐인 것이다. 이건 나를 아는 것이 아니다. 나에 대해 안다는 것은 내가 진짜 바라는 꿈이 무엇인지, 내가 좋아하는 것은 무엇인지, 내가 싫어하는 것은 무엇인지에 대해 아는 것이다. 내 마음속 깊은 곳의 소리를 듣고 그에 반응하는 것이다. 내가 진짜 바라는 일을 하면 나도 모르게 내 몸에 에너지가 솟는다. 정말 몸이 힘든 일이라도 하면서 너무나 즐겁다. 밤을 지새도 그 일이 너무나 재미있다. 이런 일이 바로 내가 진정 원하는 것을 아는 것이다. 이것이 진짜 나를 찾는 것이다.

진짜 나를 만나는 일은 쉽지 않다. 평소에 사회생활을 하며, 친구들을 만나며 썼던 가면을 벗고 나의 내면 깊숙한 곳을 들여다봐야하기 때문이다. 나 스스로에게 '진짜 내가 바라는 것이 무엇일까?' 질문을 던져도 답이 돌아오지 않는다. 여태껏 들여다보지 않았기 때문에 너무 깊숙한 곳에 진짜 내가 잠겨 있기 때문이다. 나는 이 깊숙한 곳에 있는 진짜 나를 365권 독서를 통해 만날 수 있었다. 진짜 나는 내가 30년간 돌봐주고 관심 갖지 않아 저 아래 깊숙한 곳에 잠겨 있었다. 하지만 365권의 책을 읽으며 한 걸음씩 조심스레 다가가자 결국은 마음을 열어주었다. 나는 365권 독서를 통해 진짜 나를 찾았다. 당신도 이 책을 통해 나와 같은 경험을 할 수 있기를 바란다.

CHAPTER 03

10년 만에 드디어 내가 바뀌었다

얼마나 많은 사람들이 독서를 통해 인생의 새 장을 열어왔는가. – 헨리 데이비드 소로

10년간 800권을 읽다

'10년 법칙'이라는 것이 있다. 10년을 같은 분야에서 일하면 그 분야의 전문가가 된다는 법칙이다. 반대로 말하면 전문가가 되기 위해서는 10년이라는 시간이 필요하다는 뜻이다. 누구라도 10년을 죽어라 투자하면 전문가가 될 수 있다. 그 일이 어떤 일이든 말이다. 야구선수나 가수라고 해도 10년 동안 같은 일을 하면 그 분야의 전문가가 되는 것은 당연하다. 나는 10년간 책을 읽어왔다. 권수로 따지니 대략 800권 이상을 읽은 것 같다. 물론 그중에는 판타지나 무협지도 포함되어 있지만 이 책들 역시 내가 독서 전문가가 되는 데에 큰 도움을 주었다.

고등학교 시절 친구들 중 무협지를 무지 좋아하는 친구가 있었다. 그 친구는 중학교 시절부터 무협지를 읽기 시작했는데, 그 당시 책방에 있던 무협지는 거의 다 읽었다고 했다. 어떤 무협지가 신간이 나왔는지도 전체적으로 꿰고 있을 정도로 무협지를 좋아했다. 나도 그 친구의 영향을 받아 무협지를 읽기 시작했다. 중학교 때에 몇 권 읽었지만 그 친구와는 수준이 달랐다. 들어보니 약 2,000권 정도를 읽었다고 했다. 처음엔 '거짓말이겠지, 허풍이겠지' 했다. 하지만 눈으로 직접 보고 난 후에는 믿을 수밖에 없었다.

그 친구가 내게 보여준 것은 속독이었다. 보여주려고 보여준 것은 아니겠지만 우연히 보게 되었다. 나의 경우 한 페이지를 읽는데 1~2분 정도가 소요되었다. 한 줄 문장을 읽고 해석하면서 읽었기 때문이다. 그런데 그 친구는 20초도 안 되어 한 장을 넘기는 것이 아닌가? 나는 놀랄 수밖에 없었다. 어떻게 저 속도로 책을 읽을 수는 있는 건지 궁금했다. 그래서 그 친구에게 물어봤다. 어떻게 그렇게 빨리 읽을 수 있느냐고, 그렇게 읽으면 내용이 머리에 남느냐고. 그에 대한 친구의 답은 단순했다.

"나는 책을 3줄씩 읽어. 그리고 3줄을 동시에 읽으면 머릿속에서 내용이 알아서 조합 돼."

충격적이었다. 독서를 막 시작하던 때라 속독법에 대한 지식이 아주 없었던 나는 이것이 마술로 보일 정도였다. 상식적으로 생각해봤을 때, 도저히 이루어질 수 없는 일이었기 때문이다. 당신은 3줄을 동시에 읽는 것이 가능하다고 생각하는가? 직접 보지 않고는 믿기 어려울 것이다. 하지만 눈앞에서 직접 그렇게 읽고 있으니 안 믿을 수도 없었다. 게다가 그 친구는 언어영역의 성적도 좋았기에 더욱 신빙성이 있었다. 언어영역 점수를 높이고 싶은 욕심도 있었고, 책도 빨리 읽고 싶었다. 방법은 잘 몰랐다. 무작정 많이 읽다 보면 그 친구처럼 빨리 읽을 수 있을 것이라 생각했다. 그래서 무작정 많이 읽었다. 하지만 그것은 올바른 방법이기도 하고 아니기도 했다.

지금은 내가 그렇게 읽고 있다. 한번에 3줄씩 보지는 못하지만, 빠르게 눈으로 훑으며 한 페이지에 빠르면 30초 내외로 읽고 있다. 나에게 어떤 일이 생긴 것일까? 그 친구의 속독법에 충격을 먹은 후 나는 대학교 도서관에서 속독법을 찾기 시작했다. 『포토리딩』, 『타이거 시 러닝』 등 속독법은 그 종류가 많았다. 하지만 속독법 책만으로는 속독이 잘되지 않았다. 이해가 잘되지 않았기 때문이다. 『포토리딩』과 『타이거 시 러닝』은 책을 사진 찍듯이 머리에 이미지로 저장하며 읽는 속독법이었다. 머리로는 상상이 되었지만, 잘 믿기지 않았다. 주변에 그렇게 읽는 사람이 없었기 때문이다. 그래서 작가와 직접 만나보고 싶었다. 『포토리딩』은 폴 R. 쉴리라는 작가가 쓴 책인데, 외국분이어서 만나기가 쉽지 않을 것 같았다. 『타이거

시 러닝』은 박연순, 박길순 작가가 쓴 책인데 홈페이지를 가보니 운영하지 않은 지 오래되어 보였다. 유튜브에서도 찾아보기도 했지만 잘되지 않았고, 나는 다시 예전의 읽기로 돌아왔다.

10년 만에 내가 변했다

그렇게 10여 년이 흘렀다. 그동안 800여권의 책들을 읽었고, 여러 독서법을 공부했다. 그러다 보니 어느 순간 내가 더 빠르게 읽을 수 있겠다는 믿음이 생겼다. 책을 읽는 것은 눈이 아니라 뇌이기 때문이다. 뇌는 내가 생각하는 것보다 훨씬 성능이 좋은 초슈퍼 컴퓨터이다. 잠재의식은 의식의 6만 배가 넘는 정보처리 능력을 갖고 있다. 『포토리딩』과 『타이거 시 러닝』도 뇌의 잠재의식을 이용하여 뇌로 읽는 독서법이라고 했다. 그리고 이 기억이 10년의 독서 경험 속에서 믿음으로 바뀌어간 것이다.

눈이 아니라 뇌가 읽는 것이라는 믿음이 생기자 나는 내 의식보다 빠르게 책을 읽었다. 의식으로 이해했다고 생각이 들지 않아도 뇌는 이미 읽었을 것이라고 생각했다. 눈이 빠르게 글을 훑어 지나가도 이 글들은 내 뇌 속에 남아 있을 것이기 때문이다. 그리고 실제로 그런 믿음으로 읽은 책은 머릿속에 내용이 남아 있었다. 그리고 이제는 내가 내 뇌를 믿는 것이 곧 나를 믿는 것이고, 나를 믿는 것이 곧 의식성장임을 알고 있다. 내 의식이 성장했기에 속독이 가능했던 것이다.

의식이 성장하자 속독뿐만 아니라 책 내용의 이해도 더 깊어졌다. 똑같은 자기계발서를 읽어도 내게 와닿는 깊이가 달랐다. 분명히 같은 책을 오랜만에 읽었는데도 처음 읽었을 때보다 몇 배 더 깊이 이해가 되었다. 깊이 이해가 되자 나는 더 쉽게 변했다. 그리고 나는 의식성장이 독서에 필수요소라는 것을 알게 되었다. 의식 성장이 된 후에 읽는 책 100권이 의식 성장 없이 읽었던 800권보다 더 나를 바꾸어주었기 때문이다.

의식성장이란 나를 굳건히 믿는 것과 같다. 내가 나 자신을 믿으면 믿을수록 내 의식은 성장한다. 그리고 성장한 의식 수준에 따라 이해의 깊이 역시 달라진다. 내 의식이 성장하게 된 것은 10년간 읽어온 800권의 책들 덕분이었다. 그리고 그렇게 성장한 의식은 다시 내 독서 수준을 높여주었다. 독서와 의식이 선순환을 일으킨 것이다. 아마 의식 수준이 그대로였다면 나는 여전히 비슷한 수준으로 깨닫고 비슷한 수준으로 읽고 있었을 것이다. 그렇게 10년간 800권을 읽고 난 지금, 나는 확실히 이야기할 수 있다.

'독서로 의식 수준을 높여야 진정한 자기계발이 시작된다.'

의식 수준을 높인 상태에서 독서를 하니 내 안에서도 예전과 다른 반응이 일어났다. 훨씬 더 깊이 이해하게 되고 더 넓게 볼 수 있게 된 것이다.

의식이 낮은 상태에서 독서를 하는 것은 어린아이가 어른의 책을 읽는 것과 같다. 어린아이에게는 내가 아는 지식들을 설명해주어도 잘 이해하지 못할 것이다. 의식이 성장한 어른들에게는 폭발적인 변화를 일으킬 수 있는 이야기도 어린아이에게는 별 변화가 없을 것이다. 그렇기에 우리는 의식을 성장시킬 수 있는 독서를 해야 한다. 의식수준이 높은 이들이 쓴 책을 읽으며 우리의 의식수준도 높여야 한다. 또 같은 책이라도 더 많은 것을 얻기 위한 독서를 해야 한다. 이것이 독서로 자기계발을 해야 하는 이유이다.

사람이 변하는 데 얼마의 시간이 걸릴까? 어떤 사람은 한 순간에 변할 수도 있고, 어떤 사람은 50년이 지나도 변하지 않을 수 있다. 주변을 둘러보면 알 수 있을 것이다. 시간이 흘러도 그대로인 친구도 있고, 하루가 다르게 변하는 친구도 있다. 똑같은 시간이 주어져도 누구는 변하고 누구는 변하지 않았다. 그저 시간이 지난다고 해서 변화가 만들어지는 것이 아니라는 얘기다. 변화에는 계기가 필요하다. 그 계기는 우연히 찾아올 수도, 노력으로 찾아낼 수도 있다. 나는 10년간 800여 권의 책을 읽으며 그 계기를 찾았고 결국 변화했다. 같은 책을 읽어도 더 깊이 있게, 넓은 시야로 이해할 수 있는 내가 되었다.

앞으로의 내 꿈과 목표를 이루기 위해 가장 중요한 것은 바로 의식 수준의 성장이다. 의식 수준의 성장은 앞으로의 나를 만드는 든든한 지지대를 형성하는 것과 같다. 나는 독서를 통해 내 자신의 의식 수준을 높일 수 있었고, 이 변화는 앞으로 내 목표 달성과 성공을 만드는 단단한 지지대가 될 것이다. 지금의 나는 그 어느 때보다 자신감 넘치고 명료하다. 이 내면의 변화는 내가 독서로 얻은 가장 크고 가장 중요한 변화이다.

당신도 제대로 변화하고 싶다면, 진짜 성장하고 싶다면 독서를 통해 의식을 성장시키자. 당신의 독서를 응원한다. 이 책이 여러분의 마음속에 의식 성장의 씨앗을 심어주기를 바란다.

CHAPTER 04

소비가 아니라 투자 독서를 한다

사람은 음식물로 체력을 배양하고, 독서로 정신력을 배양한다.

– 아르투르 쇼펜하우어

소비 vs 투자

당신은 소비와 투자의 차이를 아는가? '소비'란 돈이나 물자, 시간, 노력 따위를 들이거나 써서 없애는 것이고, '투자'란 이익을 얻기 위하여 어떤 일이나 사업에 자본을 대거나 시간이나 정성을 쏟는 것이라고 한다. (출처 : 네이버 어학사전) 즉 '소비'는 사용하여 없어지는 것, '투자'는 어떤 이익을 얻기 위한 노력이라고 볼 수 있겠다. 그럼 한 번 더 묻겠다. 당신은 소비독서를 하고 있는가, 투자 독서를 하고 있는가?

나는 고등학교 3학년 시절부터 계속 책을 읽어왔다. 어떤 때는 재미로, 어떤 때는 내 목적을 위해 열심히 읽고 또 읽었다. 그렇게 읽은 책들 중에는 나에게 커다란 변화를 준 책도 있고, 아닌 책도 있었다. 책을 읽었지만 얻는 것이나 변화가 없다면 그것은 소비독서일 것이다. 반대로 책을 읽어서 변화가 있거나 얻는 것이 있었다면 그것은 투자 독서일 것이다. 책을 읽는다는 행위 자체는 어떤 목적을 위한 것이다. 그리고 그 목적은 사람에 따라, 상황에 따라 당연히 다르다. 소비라는 행위 자체도 의미를 갖는다. 우리는 매일 소비를 한다. 오늘 먹을 음식을 위해 재료를 사서 음식을 만들어서 먹는다. 또 나의 여가시간에 즐거움을 더하기 위해 커피를 한잔하기도 한다. 하지만 이런 행위들이 투자로 전환된다면 어떻게 될까?

누구나 음식을 먹는다. 맛을 위해서, 또 먹는 즐거움을 위해서, 살기 위해서 먹는다. 먹고 나면 음식은 없어지기 때문에 소비라고 볼 수 있다. 하지만 이를 투자로 생각해보면 어떨까? 내가 내 몸에 투자하기 위해 좋은 음식을 먹는 것이다. 내가 내 몸의 건강을 위해 운동을 하며 시간과 돈, 노력을 투자하는 것이다. 이렇게 투자한 것들은 내 몸에 '건강'이라는 결과를 가져온다. 건강이라는 이익을 위해 노력한 것이다. 이렇게 투자의 관점으로 보면 내 모든 행동이 투자가 될 수 있다. 그리고 좀 더 좋은 방향으로 행동할 수 있다. 독서도 마찬가지이다. 기왕 하는 독서가 소비보단 투자가 되는 것이 낫지 않을까? 기왕 먹는 식사가 내 몸에 도움이 되는 투자가 되면 좋지 않을까?

나는 독서를 하는 게 의미 없다고 느끼던 시절이 있었다. 그때의 나는 남들에게 보여주기 위한 독서를 하던 때였다. 독서하는 나를 보고 '우와' 해주던 주변 사람들과 SNS 속 인터넷 친구들의 모습에 기쁨을 느끼면서 말이다. 궁금하다면 한 번 책 읽는 사진을 SNS에 올려보라. 친구들 댓글이 다를 것이다. 그런데 그렇게 책을 읽다 보면 얻을 수 있는 게 없었다. 그저 '좋아요'와 '댓글'뿐이었다. 거기에 '책 읽는 남자'라는 이미지 정도. 하지만 그 이미지는 내게 진짜 변화를 가져오지 못했다. 이미지는 이미지일 뿐이다. 책을 엄청나게 읽고 있다고 스스로 자부하고 있었는데, 실제로 눈에 띄는 변화나 성과가 없다고 느껴졌고 그때에 독서가 무슨 의미가 있느냐며 독서를 하는 것이 무의미하다고 느꼈다.

하지만 진짜 문제가 있던 것은 독서가 아니라 내가 독서하는 방법이었다. 독서의 목적이 나의 변화보다 남에게 보여주기 위함이 컸기 때문에 그저 겉핥기식 독서를 하게 되었다. 그러다 보니 당연히 남는 게 없었던 것이다. 겉은 화려한 속 빈 강정과 같았다. 제대로 된 소비독서였다. 내가 아닌 타인에게 잘 보이기 위한 독서였기 때문이다. 나의 만족이 아닌 그저 타인에게 잘 보이기 위해 명품을 소비하는 것과 같았다. 그때의 나는 '독서 된장남'이었다. 그렇게 독서 된장남의 허망함을 깨닫고 독서를 멀리하던 중, 나는 다시금 필요에 의해 책을 읽기 시작했다.

투자 독서를 시작하다

내 첫 번째 독서의 목적은 친구들에게 인기를 얻고 싶어서였다. 친구들에게 인기를 얻고 싶어 유머에 관한 책을 읽었다. 그리고 그 책은 잊고 있던 내 유머 감각과 자신감을 불어넣어주었다. 이것이 바로 '투자 독서'였던 것이다. 책을 멀리하던 시절에 나는 매너리즘에 빠지게 되었고, 그 때문에 다시금 책을 집어 들게 되었다. 매너리즘을 벗어나 성장하고 싶었기 때문이다. 그리고 고등학교 때의 투자독서 경험이 다시금 책을 찾게 해준 동기가 되었다. 답을 찾는 데에는 '책만 한 것이 없다고 생각했기 때문이다.

소비독서를 하던 시절에는 내가 독서에서 느끼는 즐거움의 대부분은 타인의 반응이었다. 타인이 좋게 봐주고, 멋있게 봐주는 그 반응이 내 독서의 이유 중 대부분이었다. 독서의 진짜 목적이 보여주기 위함이 아닌데도 말이다. 남에게 보여주기 위한 독서는 마치 타인의 눈을 의식해 명품으로 치장하는 '된장녀', '된장남'들과도 같다. 그들은 스스로의 만족이 아닌 과시욕으로 인해 명품으로 치장하곤 한다. 명품은 그 자체로 굉장히 잘 만들어진 물건이다. 명품을 사는 목적이 나 자신의 만족이 아니라, 타인에게 과시하기 위한 욕구라면 그것은 그저 소비일 뿐이다. 하지만 내 만족과 나 자신의 가치를 높이기 위함이라면 투자가 될 것이다.

카메다 준이치로 작가의 『부자들은 왜 장지갑을 쓸까』라는 책이 있다. 부자들이 장지갑을, 그것도 명품 장지갑을 쓰는 이유에 대해 이야기하고 있다. 작가 자신도 루이비통의 장지갑을 쓰며 연봉이 오르는 경험을 했다고 적고 있다. 이런 명품 소비는 곧 투자가 될 것이다. 하지만 그저 타인에게 보여주기 위해 명품 지갑을 구매한다면 이는 그저 소비행위일 뿐이다. 심지어는 타인에게 보여주기 위해 짝퉁 명품을 구매하는 사람들도 있다. 그런 사람들을 보면 안타깝다. 짝퉁으로 남에게 과시하려는 것은 단순 소비를 넘어 자신의 가치를 낮추는 행위일 뿐이다. 차라리 돈을 조금 더 모아서 진짜 명품을 나에게 선물하는 것이 내 가치를 높이는 행위이다. 남이 아니라 나를 위해서 말이다.

소비독서는 독서 후에 남는 것이 없다. 그저 책 읽는 순간 소비되어 없어질 뿐이다. 혹은 SNS에 '좋아요'와 '댓글'을 남기기는 하지만 이것이 나에게 변화나 성과를 주지 않는다. 그저 소비될 뿐이다. 하지만 투자독서는 내게 많은 것을 가져다준다. 의식의 성장, 실행 계획, 실행 아이템 등 정말 많은 것을 알려준다. 책을 읽으며 내 꿈과 목표를 다시금 생각하게 된다. 또 동기 부여가 되기도 하고, 목표를 이루기 위한 방법을 찾게 하기도 한다. 돈을 벌고 싶다면 돈을 벌기 위한 방법을 알게 된다. 그리고 그 방법을 실천한다면 돈을 벌 수 있을 것이다. 하지만 소비독서로는 그런 것들을 얻기가 어렵다.

투자독서는 소비독서와 어떻게 다를까? 내가 했던 소비독서와 투자독서에서 가장 크게 달랐던 것은 독서의 목적이다. 목적이 다르니 책을 읽는 마음가짐이 달라졌고, 그 덕분에 투자독서를 할 수 있었다. 투자독서를 하고자 한다면 우선 독서의 목적을 분명히 하라. '독서'는 '자기계발을 위한 투자수단'이다. 독서만큼 손쉽게 할 수 있는 자기계발 수단은 없다. '독서'를 통해 자기계발을 하겠다는 목적을 갖자. 그리고 어떤 책을 읽고자 한다면, 그 책을 읽는 목적을 분명히 하라. 작가는 분명한 목적을 위해 책을 쓴다. 독자도 분명한 목적을 갖고 책을 읽어야 한다. 그리고 그 목적은 독자 본인을 위한 목적이어야 한다. 책에서 작가가 제시하는 목적을 그대로 따라가는 것은 바보 같은 짓이다. 그저 주어지는 대로 읽는 것은 투자독서가 되기 어렵다. 작가의 목적을 독자 자신의 목적으로 바꾸어 생각할 수 있어야 한다. 어떤 일이든 남이 시켜서 하는 것과 내 스스로 하는 것에는 분명한 차이가 있다. 스스로 하는 일에서는 더 많은 것을 느끼고, 더 많은 것이 변화할 수 있다.

어렸을 적 부모님의 의지로 피아노 학원을 다녔다. 왜 다녀야 하는지, 무슨 목적으로 다니는지도 모른 채 그저 다니라고 하시니 다녔다. 피아노 치는 것은 재미가 있었지만 내 의도가 아니다 보니 열정이 생기지 않았다. 그저 놀러 다녔던 것 같다. 하지만 성인이 되어 보니 피아노 치는 남자들이 그렇게 매력적일 수 없었다. 어렸을 때부터 지금까지 피아노를 쳤더라면 어땠을까 하는 생각도 든다. 이것이 남이 주어진 목적과 내 목적의 차이다. 내가 스스로 필요를 느끼고 목적을 갖고 행동하면 그 자체로 투자가 될 수 있다.

이 책을 읽은 당신도 이제부터 소비독서를 넘어 투자독서를 하길 바란다. 이제 지금까지 하던 소비독서를 넘어 투자독서를 하길 바란다. 투자독서에 대한 방법은 이 책의 4장을 참고하기 바란다.

05 『잡담이 능력이다』, 사이토 다카시, 위즈덤하우스

"인사 후에 주고받는 플러스알파의 아주 사소한 대화.
시간으로 치면 5~10초 남짓 될까,
하지만 단 5초뿐인 인사 외 플러스알파의 대화로
상대에 대한 서로의 감정은 크게 달라진다."

고등학생 때부터 내 주요 고민거리는 대인관계였다. 자존감이 낮았던 터라 대인관계가 매우 어려웠다. 그래서 화술부터 바디랭귀지까지 정말 많은 책을 읽었던 것 같다. 이 책도 그중에 만나게 되었다.

'아이스 브레이킹'이라는 말은 전부터 들었지만, '잡담'이라는 단어는 부정적인 단어로 인식하고 있었다. 하지만 이 책의 저자가 쓴 책들을 읽고 있던 터라 한 번 읽어보자는 마음으로 읽기 시작했다. 그리고 잡담에 대해 새로운 관점을 갖게 되었다.

우리는 흔히 잡담은 시간 낭비이며 시시콜콜한 농담하기 정도로 생각한다. 그래서 '잡담 그만하고 가서 일해'라는 식의 말을 듣곤 한다. 농담을 좋아하던 나도 자주 듣던 표현이다. 하지만 이 책에서는 잡담이 관계를 유지하는 데 중요하다는 주장을 한다. 거기에 잡담의 방법까지 알려주니 안 해볼 이유가 없었다.

나는 즉시 잡담을 시작했다. 사람들과 만났을 때 시간이 없더라도 가벼운 날씨 얘기 등 잡담을 하려고 했다. 그러자 그 사람과의 관계가 더 부드러워지는 느낌이었다. 심적으로도 그랬고 실제로도 그랬다. 잡담이 그 사람과의 관계에서 아이스 브레이킹 같은 역할을 해준 것이다. 그리고 지금도 잡담 덕을 톡톡히 보고 있다.

그 전의 나는 잡담을 안 좋게 보고 있었다. 괜히 한마디 걸어서 분위기만 어색하게 만든다고 생각했다. 그래서 오히려 짧게 인사 정도만 나누고 그냥 지나치기 일쑤였다. 하지만 이제 나는 간단한 한두 마디라도 건네곤 한다. 잡담의 힘을 알기 때문이다. 그 덕분에 내 마음도 편해지고 지인들과의 관계도 더 좋아졌다. 당신도 잡담의 힘을 한번 시험해보기를 바란다.

CHAPTER 05

나의 내면을 강하게 만들었다

나는 얼마나 높이 올라갈 수 있는가를 보고 누군가의 성공을 점치지 않는다.
나는 그가 바닥을 쳤을 때 어떻게 다시 올라가느냐를 본다. – 조지 S. 패튼

자립심의 필요성을 느끼다

인간은 태어날 때부터 약한 동물이다. 다른 짐승들은 날 때부터 뛰어다니고 걸어 다닌다. 하지만 인간은 부모의 따뜻한 관심과 케어가 없으면 제대로 크지 못한다. 스스로 자립할 때까지 부모의 관심과 보호가 필요하다. 하지만 충분히 어른이 되고 나서도 자립하지 못하는 사람이 있다. 내가 바로 그랬다.

우리 부모님, 특히 어머니는 굉장히 잘 챙겨주시는 분이었다. 하나부터 열까지 내 모든 걸 챙겨주셨다. 내가 초등학교 방학숙제를 할 때였다. 식물의 관찰일기를 써야 했다. 그때 어머니는 8절 도화지를 사서 테두리를

사인펜으로 둘러주며 거기다 식물의 모습까지 그려주셨다. 그리고 나는 그 그림 밑에 내 글씨체로 어머니가 불러주시는 내용을 그대로 받아 적었다. 그래서 방학숙제는 아주 쉬웠다. 하지만 나는 자립하지 못했다. 그리고 내가 하고 싶은 대로 하지도 못했고 이것은 내가 어른이 되고나서도 마찬가지였다. 나는 스스로 하기보다는 다른 사람을 따라 했다. 스스로 확신을 갖고 할 때도 있었지만, 내 스스로 하는 것을 매우 두려워했다. 자립하지 못한 것이다.

자립은 생각보다 살아가는 데에 매우 중요하다. 하다못해 내가 원하는 점심 메뉴를 고르는 것조차 어려웠다. 두려웠다. 쉬운 결정이지만, 거기에 타인의 눈이 개입되면 더욱 두려웠다. 내가 한 결정이 그들과 다르면 내가 잘못 선택한 것만 같아 안절부절못했다. 그러다 보니 남의 눈치를 더 보게 되었다. 다른 사람의 선택을 기다리게 되었다. 내 자신의 선택이 아니라 타인의 눈치를 본 선택을 하게 되었다. 그리고 이것은 자존감과도 연결되었다. 나를 위한 삶이 아니라 타인의 눈치를 보는 삶을 살았기 때문이다. 나는 독서를 만나기 전까지 이런 삶을 계속했다.

어머니는 내 모든 것을 챙겨주고자 하셨다. 하나부터 열까지 본인이 아는 경험과 노하우대로 다 챙겨주고자 하셨다. 그것이 어머니의 애정표현 방식이었다. 나는 그런 어머니의 애정표현이 감사했지만, 한편으로는 스스로 하고 싶다는 생각을 하게 되었다. 그리고 중학교 때부터 조금씩 스스로 행동하기 시작했다.

나는 중학교 때에 성적이 괜찮은 편이었다. 초등학교에서도 나름 괜찮은 성적을 갖고 있었다. 하지만 중학교 1학년 첫 중간고사는 긴장되었다. 그때에도 어머니께서 내 옆에서 본인도 같이 공부하듯이 해주겠다며 자리를 지키셨다. 그것이 어머니의 애정표현 방식이었다. 생애 첫 중간고사를 보는 아들이 안쓰럽고 걱정되었을 것이다. 하지만 나는 오히려 어머니께서 나를 위해 곁에 남아서 같이 공부하는 것이 부담스러웠다. 그래서 나는 혼자 공부를 하고 싶다고 말씀드렸다. 그렇게 혼자서 스스로 중간고사 공부를 했다.

나는 그렇게 혼자 공부하여 중학교 1학년 첫 중간고사에서 전교 5등을 하게 된다. 미친 듯이 한 벼락치기가 효과가 있었다. 그리고 이 경험으로 조금의 자립심을 갖게 된다. 내가 할 수 있다는 생각이 들었던 것이다. 그리고 남은 중학교 시절 전교 30등 이내에 꾸준히 들며 나름의 성적을 유지했다. 중학교 3학년 때에는 학교 대표로 인천시 수학경시대회에 나가 동상을 입상하기도 했다. 그리고 외고에도 합격하게 된다. 당시 다니던 학원에서 40명 정도가 시험을 봐서 4명만 합격했고는데, 그중 하나가 나였다. 이렇게 공부로 나는 조금씩 자립심을 키우고 있었다.

독서로 자립심을 키우다

인생은 결국 스스로 혼자 사는 것이다. 부모님이 내 인생을 살아줄 수도 없고, 내가 부모님의 인생을 대신 살아줄 수도 없다. 결국은 내가 내 인생을 살아내야 하는 것이다. 언제까지 부모님의 그늘 아래에서 살 수는 없다고 생각했다. 그래서 자립심을 키워야 한다고 생각했다. 자존감을 키워야겠다고 생각한 이유 중에 자립심에 관한 것도 있었다. 주변의 멘탈이 안정된, 자존감이 높은 친구들은 자립심이 강했기 때문이다. 그 친구들은 스스로 판단하여 행동했다. 어떤 것이 옳은지, 그른지 스스로 판단했고 그에 따라 선택하고 행동했다. 나는 아직은 부족했지만 그 친구들처럼 되고 싶었다. 그래서 책을 더욱 읽기 시작했다. 고등학교, 대학교를 거치며 나는 독서를 통해 조금씩 자존감, 자기애, 자립심에 대한 지식을 얻게 된다. 임계점에는 도달하지 못했지만 조금씩 지식들이 쌓여갔다. 그렇게 쌓여간 지식들은 곧 내 안에서 자신감이라는 열매로 바뀌어갔다.

나의 직접적인 변화는 1년의 목숨을 건 독서로 만들어졌다. 마치 그 전까지 쌓아온 독서들 한 권 한 권이 찰흙이 되어 조금씩 덩어리를 만들어 이루다가, 1년이라는 시간동안 형태를 갖추고 가마에 들어가 도자기가 완성된 것 같았다. 그 전까지의 독서가 없었다면 내 도자기는 시작되지 못했을 것이다. 아무리 좋은 가마가 있더라도 찰흙이 없다면 도자기는 절대로 만들어질 수 없다. 그리고 1년간의 목숨 건 독서가 없었다면 내 도자기는 완성되지 못했을 것이다. 찰흙만 있고 가마가 없다면 도자기는 절대 완성될 수 없기 때문이다. 나는 고등학교 시절부터 쌓아온 독서로 만들어진 것이다.

자립심이라는 열매는 쉽게 얻어지지 않는다. 자립심이 있다는 것은 그만큼 강하다는 뜻이다. 스스로 일어설 수 있을 만큼 강하다는 뜻이다. 스스로의 힘을 길러야 스스로 일어설 수 있다. 그리고 자립심은 가만히 혼자 있다고 길러지지 않는다. 내가 그 의도를 가지고 노력을 해야 가질 수 있다. 그저 가만히 있는 사람은 배가 물에 잠기는 것을 보면서 아무것도 하지 않는 사람이다. 그저 두려움에 떨며 누가 와서 도와주기만 바라는 사람과 같다. 그런 사람은 결국 물에 빠져 죽게 마련이다. 운 좋게 누가 와서 구해줄 수도 있겠지만 그것도 내가 도와달라고 열심히 손을 흔들어야 가능한 일이다.

나는 독서를 통해 나를 점점 더 알게 되었다. 그리고 사람을 조금씩 알게 되었다. '다른 사람들도 나와 비슷하구나.', '나만 이런 고민을 하는 약한 사람이 아니구나.'를 알게 되었다. 그리고 내가 바라는 것, 내가 원하는 것을 조금씩 고민하고 알게 되었다. 내가 나를 조금씩 알아가는 그 과정 자체가 힘이다. 나를 알게 될수록 나에게는 힘이 생긴다. 몸의 힘은 운동을 하면 조금씩 강해진다. 하지만 마음의 힘은 나를 알수록 강해진다. 마음의 힘은 흔들리지 않고 올곧은 것이기 때문이다. 내가 바라는 목표를 명확히 알면 방향이 정확히 잡혀 흔들리지 않는다. 내 자신이 누구인지 정체성을 확립하면 누가 나에게 뭐라고 말해도 흔들리지 않는다. 이 과정이 곧 정체성의 확립이자 자존감이 높아지는 과정인 것이다.

나는 어렸을 적 남들이 다 겪은 사춘기를 겪지 않았다. 다른 친구들이 나는 누구인지에 대해 고민할 때에 나는 어떻게 하면 남들을 더 웃길지에 대해 고민했다. 그리고 그날그날 살아갈 고민만 했던 것 같다. 어쩌면 내 인생을 내가 결정한다는 것이 궁금했기 때문일 수도 있겠다. 아니 정신연령이 그 나이를 따라가지 못했기 때문일 수도 있겠다. 나에게는 타인에게 사랑받고 싶은 욕구가 너무나 컸다. 그래서 더 남을 웃기는 데에 집중했던 것 같다. 덕분에 지금의 나는 센스 있다는 말과 재치 있다는 말을 종종 듣곤 한다. 내 유머와 센스는 강연과 컨설팅에서 빛을 발한다. 타인을 편하게 만들어주고 분위기를 즐겁게 만들어주기 때문에 상대방은 나에게 더 마음을 쉽게 여는 것 같다.

내가 지금까지의 독서를 통해 나를 더 강하게 만들지 않았더라면, 지금처럼 내가 컨설팅을 진행하고 강연할 수 있었을까? 내 유머와 재치와 센스라는 강점을 내 장점으로 생각할 수 있었을까? 한때 나는 스스로가 광대 같다는 생각을 한 적이 있다. 이렇게 빛나는 강점을 갖고도 말이다. 지금의 나는 그때의 내가 정말 안타깝고 안쓰럽다. 할 수만 있다면 그 때의 나를 꽉 안아주고 위로해주고 싶다. 괜찮다고, 잘하고 있다고, 사랑한다고 말이다.

부모님은 나를 많이 사랑해주셨다. 하지만 애정표현의 방식이 조금 다르셨다. 나는 그걸 잘 몰랐고 그저 말 잘 듣는 착한 아들이 되기로 선택했다. 하지만 독서는 그런 나에게 자립심을 주고 나를 알게 해준 두 번째 부모님이다. 낳아주고 길러주신 부모님의 감사함도 크지만 독서에 대해서도 감사하다. 독서가 있었기에 지금의 내가 있을 수 있었다. 이 자리를 빌려서 부모님께 사랑한다는 말을 전하고 싶다. 또 독서에게도 사랑한다는 말을 전하고 싶다. 돌이켜 보면 독서가 나를 강하게 만들었다. 이 말은 곧 당신에게도 적용될 것이다. 이 책이 당신이 강해지는 데 도움이 되기를 바란다.

CHAPTER 06

시작점을 앞당길 수 있다

책을 사느라고 돈을 들이는 것은 결코 손해가 아니다.
오히려 훗날 만 배의 이익을 얻을 것이다. – 왕안석

시간을 어디에 투자할 것인가?

당신의 인생에서 가장 최고의 투자는 무엇이었는가? 어제 산 로또? 이번에 산 지갑? 가방? 혹은 지금의 학교? 직장? 어떤 것이 최고의 투자라고 생각하는가?

투자라는 것은 간단히 말하면 어떤 이익을 얻기 위한 노력이라고 볼 수 있다. 그 노력에는 시간이 들어갈 수도, 돈이 들어갈 수도 있다. 그리고 그 투자는 이익이라는 결과를 이끌어내야 한다. 그리고 그 이익이라는 것은 물질적인 것일 수도, 그렇지 않을 수도 있다. 하지만 물질적인 것보다는 가치, 변화에서 얻는 이익이 더 크다고 볼 수 있지 않을까? 내가 변화한다면 물질적인 것을 얻기는 더 쉬워질 테니 말이다.

'어제와 똑같이 살면서 다른 미래를 기대하는 것은 정신병 초기 증상이다'

세기의 천재로 불리는 알버트 아인슈타인의 명언이다. 아인슈타인의 명언처럼 당신이 변하지 않으면 당신의 미래는 변하지 않는다. 반대로 말하면 당신이 변해야 미래가 변한다는 것이다. 당신이 지금 사는 것보다 성공한 삶을 살고 싶다면, 지금부터 변해야 하는 것이다. 그리고 그 변화를 위해 필요한 투자는 자기계발이다. 그리고 가장 쉬운 자기계발 방법은 바로 독서이다. 독서를 통한 자기계발이 변화를 위한 가장 쉬운 방법이다.

당신은 하루에 몇 시간을 부여받는가? 혹시 25시간을 받아 살고 있는가? 아니면 23시간을 받고 살고 있는가? 아마 당신도 나와 똑같이 24시간을 부여받아 살고 있을 것이다. 혹시 나와 다른 시간을 받고 있다면 연락해주길 바란다. 몇백 억을 들여서라도 당신의 비밀을 알고 싶으니 말이다. 당신과 나, 그리고 모든 우리 지구에 사는 사람들은 매일 24시간이라는 똑같은 시간을 부여받는다. 즉 시간은 모두에게 공평한 것이다. 백인에게도, 흑인에게도 24시간 똑같이 주어진다. 어른에게도 아이에게도 24시간은 완벽히 공평하게 주어진다. 이처럼 완벽히 공평한 자원인 시간은 가장 투자하기에 좋은 자원이기도 하다.

어떤 일을 하는 데 반드시 필요한 것은 무엇일까? 바로 '시간'이다. 시간 없이 무언가를 하는 것은 불가능하다. 당신이 시간을 멈출 수 있지 않다면 이것은 분명하다. 하다못해 내가 숨을 쉬는 이 순간에도 시간은 흘러간다. 숨을 들이쉬고 내뱉는 이 순간에도 시간은 흘러간다. 나는 흘러가는 시간 속에 살고 있고, 그 시간을 어떻게 쓰는지는 철저히 나의 선택이다. 모두에게 완벽히 공평하게 주어지는 시간이라는 자원을 그저 흘러가는 대로 사용할 것인지, 아니면 나에게 필요한 자원으로 투자할 것인지는 온전히 개인의 선택인 것이다.

가장 효율적인 투자 독서

투자라는 단어에 주로 따라다니는 단어가 있다. 바로 효율이다. 투자라는 행위는 이익을 얻기 위한 것이기 때문에 당연히 적은 비용으로 최대한의 이익을 얻는 것이 가장 좋은 투자가 될 것이다. 이걸 시간이라는 자원에 적용해서 가장 적은 시간을 들여 가장 최고의 변화를 낼 수 있다면 그것이 바로 최고의 투자가 될 것이다. 변화를 위해 가장 적은 시간을 투자할 수 있는 방법은 어떤 것이 있을까? 바로 최고에게 배우는 것이다. 요리를 한다면 최고의 요리사에게 배우는 것이 가장 빠르게 요리를 배울 수 있는 방법이다. 이렇게 직접 만나서 배우는 방법 외에도 최고를 만나는 가장 쉬운 방법이 있다. 바로 독서이다. 최고가 쓴 책을 보고 배우는 것이다. 최고가 쓴 책을 읽고 최고의 생각과 노하우를 훔치는 것이다.

독서는 최고 전문가의 노하우를 훔칠 수 있는 가장 쉬운 방법이다. 제대로 읽기 위한 약간의 훈련을 거친다면 말이다. '책'이라는 것이 탄생한 이유는 바로 지혜를 전달하기 위함입니다. 그리고 지혜의 전달은 벽화와 같은 기록을 통해 시작되었다. 아주 오래전에는 벽화를 통해 후대에게 자신이 하고 싶은 말을 남겼기 때문이다. 그리고 그 내용은 곧 선조의 지혜이자 기록이었다. '우리 때에 이런 일이 있었다. 너희는 이렇게 해라'는 식으로 말이다. 그리고 후손은 그 기록을 보고 배워 시행착오를 줄일 수 있었을 것이다.

하지만 벽화는 그 장소에 가야만 볼 수 있었다. 그래서 사람들은 대나무에 글을 쓰기 시작했다. 그래서 그 시대의 책은 굉장히 크고 부피가 컸다. 그리고 대나무에 직접 손으로 옮겨 적어야 했기 때문에 아주 귀했다. 하지만 그 책에 담긴 내용이 너무나 좋았기 때문에 유지될 수 있었다. 그러다 종이가 발명되었다. 종이는 쉽게 찢어지기는 했지만, 대나무보다 훨씬 가벼웠고 부피가 적었다. 그래서 비쌌다. 그 때문에 양반들만 책을 읽을 수 있었다. 그리고 양반들은 책을 본인들만 소유하며 지식과 지혜가 하층민들에게까지 전달되는 것을 막았다. 하층민들이 똑똑해지는 것은 본인들에게 도움될 것이 없었기 때문이다. 그렇게 상류 계층 사이에서만 전달되던 책이 인쇄술의 발달로 점점 대중화된다.

인쇄술이 발달하며 책은 전보다 쉽게 만들어졌다. 손으로 하나하나 옮겨 적어야 했던 시절에 비하면 정말 엄청난 발전이었다. 손으로 하나하나 옮겨 적게 되면, 오탈자가 많았을 것이다. 또 빠지는 내용도 종종 있었을 것이다. 그리고 권수가 매우 적었을 것이다. 그 때문에 책은 쉽게 읽을 수 없는 물건이었다. 하지만 인쇄술의 발달로 이런 문제들이 해결되었다. 글 전체를 목판으로 만들어둔 팔만대장경이 대단한 평가를 받는 이유가 여기에 있다. 팔만대장경을 만든 정성도 대단하지만, 인쇄술의 발전을 보여주는 대표적인 물건이기 때문이다.

인쇄술은 목판술에서 지금에 이르러서는 레이저 프린터까지 등장하며 점점 발전했다. 누구나 쉽게 대량으로 책을 만들 수 있게 된 것이다. 그리고 인쇄술이 이렇게 발달하자 책은 점차 대중에게도 싼 값에 전파되었다. 전에는 돈을 주고도 구하지 못하던 책이 널리 전파된 것이다. 그리고 전파된 책을 읽은 대중은 점점 깨어나게 된다. 그리고 민주화가 진행되고 독립운동을 하고 점점 살기 좋은 세상을 만들어간다. 책이 사람들을 계몽시켜준 것이다.

책을 읽는 사람은 다른 사람들보다 앞선 위치에서 시작하는 것이다. 책에 담긴 지혜를 읽으며 남들이 경험해서 도달해야 하는 지점에서 이미 시작하기 때문이다. 회사의 경영에 대해 공부한다면 경영에서 크게 이룬 사람의 책을 읽으면 이미 다른 경영인들보다 훨씬 앞서 시작하는 것이다. 경영에서 성공한 그의 경험과 지혜로 시행착오와 시간을 크게 단축할 수 있기 때문이다. 책은 그런 의미에서 최고의 투자이다. 인쇄술이 발달해서 요즘은 치킨 한 마리를 먹을 값이면 책을 한 권 살 수 있는 세상이 되었다. 심지어 인터넷으로 구매를 하면 책을 집까지 배송해준다. 시간과 체력을 모두 아낄 수 있는 것이다. 어디서든 책을 구매할 수 있다. 그 덕분에 우리는 '독서'라는 최고의 투자를 더 쉽게 할 수 있게 된 것이다.

어떤 투자이든 시행착오를 거치게 마련이다. 내가 대학시절 취미독서를 거쳐 지금의 독서에 이르렀듯이 말이다. 하지만 이 역시 최고에게 배우면 그만큼 시간과 노력을 아낄 수 있다. 지금 이 순간에도 누군가는 책을 읽으며 본인만의 목표를 향해 투자하고 있다. 당신은 어떠한가? 독서라는 최고의 투자를 통해 거인의 어깨에 올라타라. 거인의 경험과 노하우를 발판삼아 나의 시작점을 훨씬 앞당길 수 있다. 독서는 가장 쉬운, 최고의 투자이다.

CHAPTER 07

대인관계 트라우마를 극복했다

책은 인생의 험준한 바다를 항해하는 데 도움이 되도록 남들이 마련해준 나침반이요, 망원경이고 육분의고 도표이다. – 제시 리 베넷

아버지에게 물려받은 트라우마

'트라우마'라는 단어는 과거 경험했던 위기, 공포와 비슷한 일이 발생했을 때 당시의 감정을 다시 느끼면서 심리적 불안을 겪는 증상을 말한다. (출처 : 네이버 지식백과) 즉 과거의 고통, 아픔 등이 마음속에 남아 현재에도 영향을 주는 것이다. 과거의 상처가 치유되거나 용서되지 못한 상태를 이르는 말이다. 나에게는 남자 어른들과의 관계가 그러했다. 아버지와의 트라우마 때문이었다.

나의 아버지는 남자다움을 강조하신 분이었다. 평소에도 '사내자식이'라는 단어를 늘 말씀하셨을 정도로 남자다움을 강요하셨다. 하지만 나는 남자다움보다는 '여성스러움'에 가까운 사람이었다. 나는 예민하고 섬세하며 다정다감한 편이었다. 작은 것까지 신경 쓰고 조심조심 상대를 편하게 배려했다. 겁도 많은 편이었다. 그런 나는 남자다운 편이 아니었다. 때문에 아버지에게 혼이 많이 났다.

한 번은 이런 일이 있었다. 나는 아버지와 같이 목욕탕에 갔다. 목욕탕에는 사우나와 냉탕이 있다. 하지만 나는 뜨거운 것도, 차가운 것도 싫었다. 그저 온탕이 좋았다. 하지만 아버지의 눈에는 사우나와 냉탕에 들어가지 않는, 아니 들어가지 못하는 내 모습이 남자답지 못하게 느껴지셨다. 그래서 내 손을 잡고 사우나와 냉탕을 번갈아 들어가셨다. 나는 아버지가 무서워 손에 이끌려 냉탕과 사우나를 왔다 갔다 했다. 사우나는 뜨거웠고 냉탕은 차가웠다. 하지만 아버지의 말을 거역할 수 없었기에 나는 그 두 군데를 계속 오갔다. 추웠지만 참았고 뜨거웠지만 참았다. 그리고 결국 아버지는 '잘했다'며 칭찬을 해주셨다. 하지만 내 안에는 조금씩 아버지와 같은 남자 어른에 대한 트라우마가 쌓여갔다.

이 트라우마는 내가 만나는 모든 남자 어른에게 적용되었다. 나는 남자 어른들을 만나면 굳었고 위축되었다. 나도 모르게 두려움을 느끼며 거리를 두고 뒤로 숨었다. 그들은 내게 아무것도 하지 않았지만, 나는 그들이 두려웠다. 평상시에 만나는 어른들과는 잠깐씩, 가끔씩 만났기에 크게 문제가 되지 않았다. 하지만 상사와의 관계가 너무나 어려웠다. 나는 아무런 이유 없이 그들이 매우 어려웠다. 그래서 그들 앞에서 더 굳고 긴장하게 되었다. 정말 따뜻하게 대해주셔도 나는 그들이 어려웠다.

하지만 회사에 있는 이상 상사와는 항상 같이 일하고 마주쳐야 했다. 그래서 매일매일이 긴장과 불안의 연속이었다. 상사의 일거수일투족이 다 신경 쓰였고, 나를 긴장되게 만들었다. 그러다 보니 나도 모르게 피곤해졌다. 긴장으로 인한 에너지 소모가 컸던 탓이다. 그래서 나는 답을 찾기 위해 책을 읽어나갔다. 책에는 트라우마를 극복하기 위한 여러 가지 방법이 있었다. EFT(Emotion Free Technique)라 불리는 기법도 있었고, 나에게 편지쓰기 등 다양한 방법이 있었다. 나는 그중 '나에게 편지쓰기'를 택했다.

'나에게 편지쓰기'란 말 그대로 나에게 편지 쓰듯이 글을 쓰는 방법이다. 내가 나에게 쓰듯이 편하게 쓰면서 하고 싶은 말을 적어 내려가는 것이다. 내가 나를 객관적으로 바라보게 되면서 속에 있는 이야기가 나오게 된다. 트라우마는 결국 내 안 깊숙이 숨겨진 상처를 바라보며 치유하는 과정이 필요하기 때문에 나는 이 방법을 택했다. 그래서 나는 책상 앞에 앉아 나에게 편지를 쓰기 시작했다. 내용은 아버지에 관한 내용이었다.

30여 년간 내 안에 있는 아버지에 대한 트라우마를 숨기고 살았다. 30여 년 동안 내 안의 상처를 외면하고 억눌러온 것이다. 모른 척한 것이다. 그리고 그 시간만큼 내 안의 진짜 목소리는 나오지 않았다. 나에게 편지를 쓰기 시작했지만, 글은 잘 써지지 않았다. 내 속마음이 꾹 닫혀 있었기 때문이다. 하지만 그래도 나는 조금씩 글을 적어나갔다. 그저 생각나는 대로, 편하게 말이다. 그러자 내 안의 나도 조금씩 마음을 열어주었다.

처음엔 아무런 생각도 감정도 없이 그저 조금씩 적어 내려가던 글이 조금씩 격해지기 시작했다. 내 안의 감정이 홍수가 되어 쏟아져 나왔다. 주체할 수 없을 정도로 감정이 쏟아져 나오기 시작했다. 나는 내 펜을 부여잡고 그 감정들을 적어 내려갔다. 어떨 때는 종이에 볼펜자국이 깊게 남을 정도로 꾹 눌러 적기도 했다. 또 같은 말을 여러 번 적기도 했다. 내 마음이 시키는 대로 적어 내려간 것이다.

내 마음이 시키는 이야기는 곧 내 속 깊숙한 곳에 갇혀 있던 나였다. 내가 억누르고 억눌러서 저 아래 숨겨져 있던 나였다. 심리학 관련 책들에 보면 이런 얘기가 나온다.

'내 안에는 상처 받은, 어린아이가 있다. 그것도 '나'이다.'

그랬다. 트라우마로 인해 상처받은 어린 아이는 없어진 것이 아니라 나 때문에 저 아래 깊숙이에 숨어 있던 것이었다. 그리고 워낙 오랫동안 숨어 있었기에 내가 불러도 나오지 않았던 것이다. 그러다 내가 나에게 편지를 쓰기 시작하며 밖으로 나온 것이다. 그리고는 본인의 얘기를 마구 풀어놓은 것이다. 나는 내 인생에 처음으로 그 어린 아이의 이야기를 들어주었다. 그리고 적어주었다. 적기 시작하며 격해진 감정을 적어 내려가니 조금씩 감정이 가라앉았다. 내 안의 아이의 감정을 알아주었기 때문이다. 그리고 그에 따라 아버지에 대한 나의 트라우마도 옅어져갔다. 아버지에 대한 두려움이 눈 녹듯 사라진 것이다.

독서가 치료해준 트라우마

나는 이 경험이 내 의식 성장에 커다란 도움을 주었다고 생각한다. 남자 어른에 대한 이유 없는 두려움을 없애주었기 때문이다. 그리고 내 안의 어린아이를 달래줄 수 있었기 때문이다. 그저 어린아이의 감정이라는 이유로 스스로 억누르고 무시했던 그 감정 때문에 그 어린 나는 얼마나 힘들었을까? 그 어린아이도 결국 '어린 나'이다. 어렸을 적의 내가 그때 겪었던 감정과 함께 내 안에 남아 있는 것이다. 그리고 그 어린아이는 꿋꿋이 내 안에서 내 감정을 지켜내주었다. 그 덕분에 나는 아버지의 트라우마를 극복할 수 있었다. 내가 독서를 통해 '나에게 편지쓰기'라는 방법을 찾지 못했더라면 이 트라우마를 극복하는 데 훨씬 많은 시간이 걸렸을 것이다.

독서라는 행위는 이처럼 치료제가 되어주기도 한다. 나와 비슷한 아픔을 겪은 이가 쓴 책을 읽으며 위로를 받는다. 또 그 사람이 아픔을 극복한 방법을 보며 내 아픔을 극복할 방법을 찾을 수 있다. 이것 역시 나의 성장을 돕는 자기계발인 것이다. 그리고 나는 독서를 통해 내 트라우마를 극복했고 한 단계 성장했다. 그리고 그 덕분에 이제는 상사와의 관계에 이유 없는 긴장감과 불안감을 느끼지 않는다. 독서 덕분에 말이다. 독서를 통해 알게 된 것을 실행에 옮겼기에 가능한 일이었다.

여러분에게도 마음속에 트라우마가 있는가? 그 트라우마가 생활을 방해할 정도라면 내가 사용해본 방법을 사용해보라. 우선 자신에게 맞는 정답 책을 찾아라. 내가 사용한 방법이 당신에게는 맞지 않을 수 있기 때문이다. 당신의 트라우마 해결 멘토를 찾기 위해 독서를 하고 책에서 알려주는 방법을 그대로 실천하라. 귀찮고 의심이 가더라도 우선은 한 번 해보는 것이다. 한번 시행해보면서 그 방법이 어떤 목적을 위해 만들어졌는지 확인하고 그 방법을 내 상황에 맞게 적용시키는 것이다. 그렇게 실천하는 것이다. 이것보다 확실한 정답 찾는 방법은 없다.

나는 책을 읽고 실천하여 내가 갖고 있던 트라우마를 극복했다. 책에는 나보다 힘든 사람들도 많았고, 내가 존경할 만한 이들의 말들도 있었다. 그리고 그들의 경험과 노하우를 내 것으로 재해석해 '나에게 쓰는 편지'를 하여 내 트라우마를 극복했다. 당신도 지금 트라우마를 겪고 있다면 내 방법을 한번 따라 해 보라. 하면서 잘 안되는 부분이 있다면 책날개에 적힌 내 연락처로 연락을 해라. 최선을 다해 알려주겠다.

CHAPTER 08

독서가 켜준 긍정 스위치

즐거운 독서는 운동 못지않게 건강에 유익하다. – 칸트

부정의 아이콘

당신은 긍정적인가? 아니면 부정적인가? 주변에서 주로 어떤 이야기를 듣는가? 긍정과 부정은 한 끗 차이다. 부정을 조금만 뒤집으면 긍정이 되고 긍정을 조금만 뒤집으면 부정이 된다. 하지만 긍정과 부정은 정반대의 효과를 가져온다. 긍정적인 사람에게는 좋은 일이 많이 생기고, 부정적인 사람에게는 안 좋은 일이 더 많이 생기는 것 같다.

'긍정적으로 살아라.'

'긍정적인 사람이 성공한다.'

이런 말은 다들 많이 들어봤을 것이다. 하지만 '왜 그런지'에 대해서는 생각해보지 못했을 것이다. 예전에 모 TV 프로그램에서 이런 실험을 한 적이 있다. 아나운서들에게 쌀밥이 담긴 통을 2개 준다. 그리고 한 통에는 매일 '사랑해'라는 긍정적인 말을 해주고, 다른 한 통에는 '싫어'와 같은 부정적인 말을 매일 해주기를 요청했다. 그리고 같은 곳에 두고 일주일 정도를 지켜본다. 일주일 뒤에 보면, 긍정적인 말을 한 곳에는 하얗게 누룩이 피고 부정적인 말을 한 곳에는 검은 곰팡이가 핀다. 이 실험이 궁금한 사람은 인터넷에서 '밥 실험'을 검색해봐라. 긍정적인 말이 쌀에도 영향을 미치는 것이다. 쌀조차도 긍정적인 말로 인해 영향을 받는데 사람은 어떨까?

이런 결과가 나오는 이유는 말이 곧 에너지이기 때문이다. 내가 긍정적인 말을 하면 긍정의 에너지가 나오고 부정적인 말을 하면 부정의 에너지가 나온다. 그리고 이 에너지들은 나와 내 주변에 영향을 미치고 그에 맞는 결과를 만들어낸다. 거짓말 같지만 이는 사실이다. 쌀 실험의 결과를 보면 알 수 있다. 그리고 더 중요한 것은 말이 곧 생각이라는 것이다. 즉 생각이 말이라는 수단으로 밖으로 나오는 것이다. 때문에 긍정적인 생각은 중요하다.

그리고 이런 밥 실험과 연관되는 것이 바로 '물'이다. 일본 요코하마 출신의 에모토 마사루 작가의 『물은 답을 알고 있다』라는 책에 보면 이런 내용이 나온다.

'행복과 불행, 각각의 말을 물에게 보여주고 결정 사진을 찍었다. 그러자 행복은 말 그대로 귀여운 장식이 달린 아름다운 모양이 되었다. 반지로 만들어 끼고 싶을 만큼 보석처럼 아름다운 결정이다.'

생명이 없다고 믿는 물에게 그저 행복과 불행이라는 글자를 보여주었을 때에 물의 결정 모양이 변했다는 것이다. 신기하지 않은가? 쌀 실험에서 긍정적인 말과 부정적인 말의 힘에 대해서 봤는데, 물도 긍정과 부정에 반응을 하다니? 거기에 이야기를 한 것도 아니고 글자를 보여주기만 했는데도 반응을 하다니 말이다. 그리고 이 실험이 더 중요한 이유는 바로 우리 인간의 몸이 70%가 물이기 때문이다. 우리 몸의 물 또한 긍정과 부정에 크게 영향을 받을 것이라는 이야기이다.

나는 어렸을 적부터 자존감이 낮은 아이였다. 그리고 스스로 부정적인 말을 많이 하는 아이였다. 나는 스스로에게 높은 기준을 갖고 있었다. 이러이러해야 한다는 기준이 많았고, 그것을 지키지 못했을 때에는 내 스스로를 가혹할 정도로 몰아붙였다. 기준대로 행동하지 못한 나 자신에게 부정과 비판의 말을 퍼부었다. 나는 안 될 것이라며 온갖 비판의 말을 했다.

내가 내 스스로의 가장 위험한 적이었던 것이다. 외부도 아니고 내부에 그것도 가장 강력한 생각의 에너지로 스스로에게 부정의 말을 퍼붓는 나는 당연히 부정적인 사람이 될 수밖에 없었다. 부정이 가득차고 가득 차서 넘치다 못해 얼굴 표정에 그대로 드러났다. 나는 어딜 가든 우울해 보인다거나 화나 보인다는 이야기를 많이 들었다. 나는 무표정으로 있었는데도 무슨 일이 있느냐는 소리를 듣곤 했다. 심지어 종종 무섭다는 이야기를 듣기도 했다.

고등학생 때, 근처 사진관에서 다 같이 졸업앨범 사진을 찍을 때였다. 내 차례가 되었고 나는 카메라 앞에 앉아 자세를 취했다. 그런데 사진작가님은 계속 표정을 풀라고 하셨다. 표정을 풀고 웃고 있다고 생각했던 나는 당황했다. 평소 부정적인 생각들로 인해 표정이 굳었던 것이다. 나는 계속 표정을 풀었지만, 효과가 없었다. 작가님은 계속 표정을 풀라고 요구하셨고, 결국 나는 짜증이 났다. 그래서 고등학교 졸업사진 속의 나는 표정이 굳은 것도 모자라 눈에 힘이 잔뜩 들어간 표정이다. 지금 봐도 참 부끄러운 기억이다.

이런 경험들과 다른 사람들의 지적에도 내 부정적인 생각은 바뀌지 않았다. 깊이 와닿지도 않았다. 생각의 관성 때문이었다. 평생 부정적으로 살아온 나였기에 어떤 일이 있을 때, 가장 먼저 떠오르는 생각은 부정적인 생각이었다. 그리고 부정적인 생각에 뒤따라서 부정적인 감정이 떠올랐다. 부정적인 감정이 떠오르면 나는 부정적인 감정의 늪에서 허우적거렸다. 부정적인 생각을 멈추고 긍정적인 생각으로 바꿔야 했지만 쉽지 않았다. 내 안에서 하는 나 혼자만의 싸움이었기에 다른 사람의 도움을 얻기도 어려웠다. 매 순간 내 안의 부정적인 생각들이 스멀스멀 피어올랐다. 마치 검은 연기가 내 안을 가득 채우는 것 같았다.

만화영화나 예능을 보다 보면 선택의 순간에 천사와 악마가 싸우는 장면이 나온다. 착한 선택을 권하는 천사와 나쁜 선택을 권하는 악마가 나온다. 그리고 주인공은 둘 중 싸워서 이기는 쪽의 선택을 한다. 인생은 매 순간이 선택이다. 그리고 이 선택에서 어떤 쪽의 손을 많이 들어주는가에 따라 그쪽의 생각이 강해진다. 부정적이었던 나는 내 안의 악마의 손을 계속 들어주었다. 그랬기에 내 안의 악마가 천사보다 훨씬 더 큰 힘을 갖게 된 것이다. 그리고 이 악마의 손을 놓지 못하고 있었다. 계속해서 악마의 손을 들어주었다. 나에게는 선택의 힘이 없는 것처럼 스멀스멀 피어오르는 악마를 막지 못했다. 그저 방관하고 악마에게 나를 맡겼다. 하지만 어느 순간, 독서가 천사의 손을 들어줄 든든한 심판이 되어주었다.

독서로 긍정의 아이콘이 되다

나는 주로 자기계발서들을 읽었다. 자기계발서에는 천사의 밝은 생각들이 많이 담겨 있다. '긍정적으로, 꿈과 희망을 찾아서, 열심히 노력하는, 긍정적인'과 같은 단어들이 어울리는 책이다. 그리고 나는 운 좋게도 자기계발서를 좋아했다. 그리고 덕분에 성공한 사람들의 긍정적인 마인드와 가치관을 많이 배울 수 있었다. 그리고 덕분에 내 안에 긍정 스위치가 조금씩 자리를 잡기 시작했다.

처음엔 그저 남 얘기 같았다. 다만 읽을 때 그 책에서 느껴지는 긍정과 열정의 기운이 느껴지며 그런 감정이 잠깐 솟아날 뿐이었다. 그 책을 읽고 있을 때면 나는 무엇이든 할 수 있을 것 같았다. 그리고 하고 싶은 것, 해야 할 것들이 무궁무진하게 떠올랐다. 하지만 책을 덮고 나면 거짓말처럼 모두 다 사라졌다. 신기루 같았다. 그래서 독서법을 더 공부하고 체화시키기 시작했다. 그리고 독서법이 달라지자 내가 읽은 내용들은 조금씩 내 것이 되어갔다.

나는 내가 평생 부정의 스위치만 켜고 살 줄 알았다. 내 안의 악마에게 너무 오랜 시간 많은 에너지를 쏟았기 때문이다. 나 혼자서는 악마의 손을 벗어나기가 불가능할 것 같았다. 하지만 책이 이것을 가능케 해주었다. 나는 책을 읽으며 조금씩 내 안의 천사의 손을 들어주었다. 책 덕분에 나는 천사에게 에너지를 쏟기 시작했고, 조금씩 천사의 힘이 강해졌다. 그리고 지금은 긍정의 스위치를 켜는 날이 더 많아졌다. 고등학교 졸업사진을 찍으면서 얼굴에 짜증과 화가 가득했던 나였지만 독서를 통해 이렇게 변할 수 있었다. 독서를 통한 자기계발로 이렇게 변하게 되었다. 요즘에 나는 주변에서 웃는 상이라는 이야기를 많이 듣는다. 표정이 좋다는 말을 듣는다. 독서가 아니었다면, 이런 일은 불가능했다. 당신도 가능하다. 이제 독서로 긍정의 스위치를 켜자.

06 『하루 세 줄, 마음정리법』, 고바야시 히로유키, 지식공간

"즉 세 줄 일기를 쓰면 호흡이 정돈되고
부교감신경이 우위에 서게 되며,
그로 인해 몸과 마음이 휴식 모드로 전환됩니다.
이럴 때에 수면의 질이 높아지고,
다음 날 완전한 컨디션으로 맞이할 수 있습니다."

취직을 하고 얼마 안 되서부터 나는 매일 아침이 피곤했다. 잠을 자도 개운하지 않고 심지어 하지 못한 일 걱정에 새벽에 깨기도 했다. 잠을 못 자니 날카로워질 수밖에 없었다. 그러면 회사일이 잘 안되었고 악순환의 반복이었다. 그리고 이는 회사 생활 뿐 아니라 내 개인 생활에도 영향을 끼쳤다.

잠의 중요성을 깨달은 나는 잠에 관한 책들을 읽기 시작했다. 적게 잘 자는 법에 대한 책도 보고 심지어 베개에 관한 책도 읽었다. 이론적 지식들이 쌓여갔지만

2% 부족했다. 습관을 바꿔야 하는데, 생활패턴은 바뀌기 어려웠기 때문이다. 그러던 중 이 책을 만나게 되었다.

이 책은 자기 전 세줄 일기를 써서 잠을 자면서 충분히 휴식을 취할 수 있다는 이야기를 한다. 방법이 너무나 간편했기에 바로 실천에 옮겼다. 그리고 실천이 지속되며 점점 효과를 나타냈다. ASMR을 들어본 적은 없지만 그것보다 세 줄 일기가 더 효과적일 것이라고 생각한다.

실천이 쉬웠지만 효과가 있었다. 나는 자기 전 세 줄 일기로 잠에 들 준비를 했다. 단 세 줄이었지만 내 6시간의 수면시간을 책임져주었다. 이쯤 되면 그냥 일기가 아니라 수면제라고 봐도 무방하지 않을까? 그것도 아주 효과 좋은 수면제 말이다. 자기 전 5분 투자로 내 수면의 질이 달라지는 경험, 같이 해보지 않겠는가?

PART 4

현실을

바꾸는

8가지

자기계발

독서법

CHAPTER 01

메모로 책을 씹어 먹어라

책은 읽되 전부 삼켜버리지 말고,
무엇에 이용할 것인가를 새겨두어야 한다. – 헨릭 입센

책은 곧 작가의 생각 뭉치다

가끔 영화 장면 중에 영어 단어를 외운 후에 사전을 씹어 먹는 장면이 나온다. 배고파서 사전을 찢어서 먹진 않았을 것이다. 그렇다고 사전을 먹는다고 그게 외워지지도 않을 터였다. 그랬다면 우리나라 영어 학원들은 전부 망했을 것이다. 영어 단어를 다 외운 후에 그 장을 찢어 먹는 것은 상징적인 의미이다. 이 장의 단어들을 다 외워버렸다는 스스로에게 하는 의식이랄까? 그렇게 씹어 먹으면 왠지 더 잘 외워진 것만 같다. 다 외워졌다는 확신과 함께 어떤 패기를 보여주는 행동이기 때문일 것이다. 책에도 비슷한 행위가 있다. 바로 책을 씹어 먹어버리는 메모 독서법이다.

우리나라는 참 먹는다는 표현이 많은 것 같다. 축구에서 골을 넣었을 때에도 '골 먹었다'라고 표현을 한다. 또 어떤 스타일이 멋있을 때에도 '먹히는 스타일'이라고 표현한다. 그래서인지 책을 씹어 먹는다는 표현도 전혀 어색하지가 않다. 오히려 어떤 강한 의지가 보이는 표현이다. 당신도 아마 이 책을 씹어 먹기 위해 읽고 있을 것이다. 비싼 책값을 들여 샀고, 소중한 시간을 들여 읽고 있으니 말이다. 그럼 책을 씹어 먹는다는 것은 어떤 의미일까?

책은 작가의 생각 뭉치이다. 한 주제에 대해서 작가가 본인의 생각을 여러 사례나 이론 등과 엮어낸 것이다. 즉 책을 읽는다는 것은 작가의 생각을 읽는 것이다. 이는 타인과 대화하는 것과 마찬가지이다. 한 가지 주제에 대해 생각을 나누는 것이다. 그 사람이 나와 생각이 같을 수도 있고, 다를 수도 있다. 그리고 같은 생각을 갖고 있더라도 관점이 조금 다를 수 있다. 태어날 때부터 같이 살아온 부모님과도 서로의 생각이 완벽하게 일치하기는 거의 불가능하다. 아니 오히려 가까울수록 생각이 더 많이 다른 것 같다. 우리는 그래서 책을 읽는 것이다. 나와 다른 생각을 가진 이의 생각을 읽고 내가 생각하기 위해서 말이다.

소설이나 시 같은 문학작품도 마찬가지이다. 작가는 어떤 의도를 가지고 시대적, 공간적 배경과 인물 등을 설정하여 풀어낸다. 작가의 의도가 곧 작가의 생각이다. 우리는 소설이나 시를 읽으며 작가의 생각을 따라간다. 그리고 깊이 이입하여 공감하기도 하고, 나만의 관점에서 달리 해석하기도 한다. 같은 소설이나 시를 읽어도 서로 다르게 반응하는 것이 그 이유 때문이다. 그래서 수능 언어영역에서 고전들을 읽을 때 그렇게 재미없었던 것 같다. 내 관점에서 해석하는 게 아니라 수능 문제 출제자의 관점에서 해석한 것을 외워야 했기 때문에 말이다.

작가의 생각과 주장은 자기계발서에 더 많이 담긴다. 작가 본인이 경험하고 느낀 것들을 전달하기 위해 쓰인 책들이기 때문이다. 그래서 책을 읽으며 엄청난 열정이 생기기도 하고 반대로 반발심이나 허탈감을 갖게 되기도 한다. 예전에 기업가인 홍정욱 님의 『7막 7장』이란 책을 읽은 적이 있다. 홍정욱 님은 고교시절 미국에 있는 케네디의 모교 초우트 로즈마리 홀 고교로 넘어가 유학생활을 한다. 그리고 유학생활 초반에 언어의 장벽과 인종 차별 때문에 외로움을 느낀다. 홀로 그것들을 극복해야 했기에 더 어려움이 많았을 것이다. 하지만 홍정욱 님은 이를 노력으로 극복해낸다. 언어의 장벽을 넘고 진도를 따라 잡기 위해 화장실 조명에 의지하여 밤새 공부를 한다. 그렇게 성적도 올리고 학생회장도 하는 등 성공적인 유학생활을 보낸다.

내가 그 책을 읽은 것은 직장에 입사한 지 2년쯤 지났을 때였다. 한창 회사생활에 적응하며 힘들어하고 있던 내게 이 책은 큰 용기와 노력의 필요성을 알려주었다. 직접 홍정욱 작가를 만나보지 않았지만 책을 읽으며 그가 내 앞에서 이야기해주는 것만 같았다. 그리고 나는 그의 이야기에 대답하기 위해 펜을 들고 메모를 했다. 한 구절 한 구절 읽어나가면서 내 생각도 적고, 감탄도 적어나갔다. 단순히 홍정욱 작가의 이야기를 듣는 것이 아니라 소통을 한 것이다. 그렇게 내 생각을 적다 보니 그 책에 더 애착이 생겼다. 애착이 생기니 더욱 공감이 많이 되어 6년이 지난 지금도 기억에 많이 남는 책이다.

작가의 생각을 소화시키려면 메모를 하라

작가는 책에서 본인의 생각을 '일방적으로' 풀어낸다. 물론 독자의 입장에서 이해되기 쉽도록 풀어쓰겠지만, 결국 독자는 작가의 생각을 그저 보기만 할 수밖에 없다. 학교나 학원처럼 궁금한 것을 물어볼 수도 없고, 작가와 소통도 할 수 없다. 하지만 당신도 수업시간에 겪어보지 않았던가. 주입식 교육이 얼마나 재미없고 효과 없는지를. 그저 지식을 전달받아 외워야만 하는 주입식 교육은 큰 효과를 발휘하기가 어렵다. 책도 마찬가지이다. 책에서 작가가 말하는 바를 그저 보기만 해서는 내 것이 되기 어렵다. 혹자는 '그저 읽으며 감정을 느끼고 싶어요.' 라고 말할지도 모르겠다. 그렇다면 내가 느낀 감정을 작가와 소통하고 싶지는 않은가? '작가님의 글을 읽고 정말 감동적이고 너무 재미있었어요!' 라고 이야기하고 싶지는 않은가?

물론 작가를 만나지 않는 이상 작가와의 소통은 어려울 것이다. 하지만 일방적으로 주입받는 책 읽기는 피해야 하지 않을까? 그래야 책을 씹어 먹었다고 할 수 있지 않을까? 거기에 필요한 방법이 바로 메모 독서이다. 작가는 글로 우리에게 소통을 하고 있다. 그렇다면 우리도 글로 작가와 소통해주는 것이 인지상정이다. 글로 소통하기 위해서 책의 구절구절마다 떠오르는 생각과 감정을 적어나가야 한다. '이 의견에는 동의하지 않아요.'나, '저도 비슷한 경험이 있어요.' 라는 식으로 말이다. 책에 내 생각을 적으면 나는 그 책의 공동저자가 된다. 내가 같이 만들어나가는 책, 멋지지 않은가?

당신이 어떤 상황에서 그 책을 읽느냐에 따라 느껴지는 감정과 생각이 다를 수 있다. 인간의 감정은 변하기 때문이다. 생각도 마찬가지이다. 정말 중요하다고 생각했던 것이 시간이 지나고는 별 중요한 것이 아니라고 느껴질 수도 있다. 그렇기에 그때의 감정과 생각이 중요한 것이다. 책을 읽는 그 시점에 느껴진 감정과 생각들은 소중한 것이다. 그 소중한 감정과 생각들이 작가의 생각과 감정과 만나 하나의 책이 새로 쓰이는 것이다. 독자에서 작가가 되는 소중한 경험이 되겠다.

또 하나 메모 독서를 해야 하는 이유가 있다. 혹시 책을 덮고 나면 어떤 내용을 읽었는지 기억나지 않은 경험이 있지 않은가? 나 역시 그러했다.

읽을 때는 정말 열심히 읽었는데, 덮고 나면 전혀 기억이 나지 않는 것이다. 나는 이것의 해결책을 메모에서 찾았다. 힌트는 바로 학창시절 벼락치기에서였다.

나는 중, 고등학교 시절 벼락치기를 주로 했다. 매일매일 예습복습을 하면 좋았겠지만 그렇게 모범생은 아니었던 듯하다. 짧은 시간에 많은 것을 외워야 하니 펜과 이면지가 필수였다. 교과서에 적힌 내용을 내 방식으로 소화시켜 반복시켜 적으면 더 잘 이해되고 기억에 잘 남았다. 메모 독서법 역시 마찬가지이다.

사람은 자신과 관련된 일에 더욱 관심을 가진다. 오죽하면 옆 사람의 다리가 부러졌어도 내 손톱에 박힌 가시가 더 중요하다는 우스갯소리가 있을까. 마찬가지로 책의 내용은 작가의 생각이고 이를 내 것으로 생각할 수 있어야 더 깊이 이해되고 기억에도 오래 남는다. 이를 위해서 메모를 하는 것이다. 책에 담긴 작가의 생각을 내 관점에서 해석하고 그것을 메모로 남기는 것이다. 내 관점이 되는 순간부터 책 내용은 내 것이 된다.

예를 들어 정리법에 대한 책을 읽었다고 하자. 작가는 본인이 정리했던 경험을 글로 풀어놓는다. 안방은 이렇게 정리하고 부엌은 이렇게 정리했다고 사례도 제시할 것이다. 하지만 그 집은 우리 집이 아니다. 구조도 다르고 있던 물건도 다르다. 그러다 보니 공감이 잘 되지 않을 수 있다. 그러나 작가가 정리했던 방법을 우리 집 상황에 맞게 어떻게 정리할 지 생각할 수 있다. 그리고 그 내용을 메모로 남겨두는 것이 메모 독서법이다. 간단하지만 강력한 책 읽기 방법이다.

그저 눈으로 읽기만 하는 독서는 내 것이 되지 않는다. 책은 메모를 하며 읽을 때 비로소 내 것이 된다. 어렵게 다른 곳에 옮겨 적어 남기려고 하지 말고 책에 적어라. 책에 남긴 메모이지만, 내 머릿속에도 남을 것이다.

CHAPTER 02

3색 볼펜을 준비하라

읽는 것만큼 쓰는 것을 통해서도 많이 배운다. – 액튼 경

가장 좋은 메모 도구, 3색 볼펜

학창시절에 내 필통은 형형색색의 펜들로 가득했다. 형광색부터 검정색, 빨강색, 파랑색 등 정말 많은 펜을 수집했다. 형광펜도 있었고 색연필도 썼던 것 같다. 하지만 그중 가장 많이 쓴 색은 단연코 검정색, 빨강색, 파랑색이었다. 그래서 문방구에 가봐도 3색 볼펜이라고 하면 딱 검정색, 빨강색, 파랑색의 조합이 대부분이다. 메모가 습관이 되려면 편하고 쉬워야 한다. 어디에서나 구하기 쉬운 3색 볼펜, 그리고 학창 시절의 3색 볼펜 필기습관은 내 메모독서를 완성시켜주었다.

아마 당신이 펜을 많이 써야 하는 일을 가지고 있다면, 당신 역시 검정색, 빨강색, 파랑색의 3색 조합을 많이 사용할 것이다. 가장 많이 파는 조합이기도 하고 어렸을 적부터 주로 써온 색이기 때문일 것이다. 학창시절에 나는 검정색은 주로 필기에, 빨강색은 주로 강조할 때에 사용했다. 그리고 파랑색은 밑줄 등 눈에 띄게 표시해야 할 곳에 사용했다. 너무 많은 색을 사용하는 건 눈에 잘 띄지도 않았고 쓰기도 불편했다. 그리고 너무 적은 색을 사용해도 잘 구분되지 않았다. 검정, 빨강, 파랑의 3색 조합이 딱이었다. 그리고 나는 독서할 때에도 이 3색 조합을 주로 사용했다.

책은 글이 아니라 생각의 뭉치이다. 작가가 자신의 경험과 주장, 가치관 등을 글로 엮어낸 것이다. 책에서 작가는 독자에게 글로 말을 건다. 대화를 건다. 작가에게 자신의 생각을 글로 풀어내며 대화를 시작한다. 작가의 생각은 책 안에서 춤을 춘다. 그리고 우리는 그런 작가의 책을 읽는다. 책에 쓰여 있는 글을 읽는다. 사실은 그 안에 담긴 생각을 읽는다. 책에 담긴 작가의 생각을 읽다 보면 내 생각이 피어오르곤 한다. 작가의 생각에 동의할 수도, 공감할 수도 있다. 반대로 공감이 안 되거나 반대할 수도 있다. 어떤 경우에는 완전히 틀린 생각이라고 느낄 수도 있다. 이런 저런 생각들이 떠오르며 책을 읽어 나간다.

그래서 책을 읽는 것은 마치 작가와 대화를 나누는 것과 같다. 책이라는 매체는 작가의 일방적인 이야기라고 볼 수 있지만, 그에 대해 내 생각이 생기기 때문이다. 그래서 어떨 때는 책을 읽고 눈물을 흘리기도 한다.

때로는 엄청난 통찰을 얻기도 한다. 하지만 이런 생각과 깨달음들은 곧 휘발되어 날아가버린다. 생각은 휘발성이 강하기 때문이다. 그 때문에 책이 있는 것이다. 작가의 생각이 그냥 날아가지 못하게 글이라는 매체로 적어 책에 담아두는 것이다. 이는 오래전부터 내려온 방식이다. 스승의 지혜와 생각들을 책에 글로 담아두면서 후대에도 그 지혜를 전하기 위함이다. 그리고 그렇게 지혜가 쌓여가는 것이다.

나는 학창시절 공부할 때에 항상 한 손에 볼펜을 들고 노트에 깜지를 쓰듯이 적으며 공부를 했다. 입으로 중얼거리기도 했고 손으로도 적었다. 그렇게 하면 더 잘 기억되고 더 잘 이해되었기 때문이다. 책을 읽을 때에도 마찬가지이다. 책을 읽으며 얻은 깨달음과 그때의 감정들은 머리로만 기억하면 잘 기억나지 않는다. 손으로 적어야 기억에 남고 더 오래간다. 손뇌를 사용하기 때문이다. 학창시절에 손으로 적으며 공부하는 데는 다 이유가 있는 법이다.

책은 눈이 아니라 뇌가 읽는다. 그리고 뇌는 자극을 많이 받을수록 그것을 잘 기억한다. 여러 번 반복하여 자극의 횟수를 높일 수도 있고, 강한 자극을 주어 자극의 강도를 높일 수도 있다. 메모하며 읽으면 눈으로만 읽는 것에 손으로 적는 자극이 더해져 더 기억에 남는다. 거기에 3색 볼펜이 더해지면 메모 독서는 한층 업그레이드된다.

3색 볼펜 메모로 독서를 완성하다

나는 3색 볼펜 메모 독서법으로 더 수준 높은 메모 독서를 하게 되었다. 검정, 파랑, 빨강색은 각각의 의미가 있으며 색깔별로 그 의미로 사용하게 되며 내 생각이 더 쉽게 정리되고 기억 되었다. 우선 검정색은 주로 작가의 생각이나 관점을 적을 때 사용한다. 책은 작가의 생각의 뭉치이고, 그것을 글로 적어놓은 것이다. 작가는 이해하기 쉽게 글로 생각을 풀어놓았지만 그 글이 온전히 이해되지 않을 때도 있다. 혹은 글에 적힌 것보다 깊이 작가의 생각을 이해하게 되기도 한다. 이럴 때에 검정색 볼펜을 사용한다. 간단히 말하면 검정색은 '작가 모드'일 때에 사용한다. '작가 모드'에서 작가의 생각을 보다 깊이 있게 이해했을 때 그것을 정리해서 적는 것이다. 책을 쓴 사람이 어떤 이유로, 어떤 목적으로 그 책을, 그 문장을 썼는지 고민하는 과정에서 그 책에 대한 이해가 높아지는 것이다. '왜 이런 문구를 사용했지?', '이 표현에 담긴 생각은 무엇이지?', '왜 이런 식으로 표현했을까?' 와 같은 질문을 던지며 작가의 의도와 목적을 생각하고 그에 대한 답을 검정색 펜으로 메모하는 것이다.

두 번째로 파랑색은 시원한 색이다. 내 머릿속이 시원해지고 환해졌을 때, 즉 깨달음이 있을 때 파란색을 사용한다. 작가의 생각을 읽고 거기에 내 생각이 떠오르거나, 내 상황에서 작가의 생각을 다르게 해석했을 때 그 생각을 글로 정리해서 적는다. 간단히 말하면 파랑색은 '독자모드'이다. 독자 모드에서 작가의 생각을 읽고 내 상황에 맞게 해석하거나 이해하게 되면 그 생각을 적는 것이다. 작가의 생각을 읽는 것으로 끝나서는 안 된다. 작가의 생각이 내 생각으로 바뀔 때에 내 의식수준이 올라가는 것이다. 그리고 그럴 때에만 작가의 생각이 내 생각으로 소화되는 것이다. '아, 작가의 생각을 내 상황에서 생각해보니 이렇구나, 작가가 힘들었던 상황이 지금의 내 상황에 빗대어 보면 이렇게 볼 수 있겠네, 진짜 공감된다, 나는 지금 이런 상황인데. 작가가 이 상황을 어떻게 극복했지?'와 같이 생각할 수 있는 것이다. 그리고 이렇게 떠오른 생각들을 파란색으로 정리하는 것이다.

세 번째로 빨강색은 열정적인 색이다. 내 심장이 끓고 뜨거워졌을 때, 즉 실행할 아이템이 생겼을 때 주로 쓴다. 혹은 정말 중요한 것이 있을 때, 별표를 마구 하고 싶을 때 사용하면 된다. 간단히 말하면 빨간색은 '열정 모드'이다. '이 문단은 정말 미친 문단이다'라는 생각이 들 때에 빨간 볼펜을 꺼내어 종이가 뚫어지도록 별표를 하는 것이다. 그리고 거기서 느낀 가슴 뜨거워지는 생각과 실행할 아이템을 적는다. 간단히 말하면 '빨간색은 열정모드'이다. 가슴이 뜨겁고 실천이 필요할 때에 빨간색 볼펜을 꺼내는 것이다. 책에서 변화를 얻고 성장하기 위해서는 무조건 실천이 필수이다. 책에서 얻은 아이디어와 생각들을 직접 실천할 때에만 변화가 일어난다. 그것이 곧 성과인 것이다.

작가 모드, 독자 모드, 열정 모드에서 떠오른 생각들은 다른 곳이 아니라 그 생각이 떠오르게 된 문장에 밑줄을 치고 그 위나 옆에 적는다. 빈 공간이 부족하다면 조금 넘어가서 적어도 상관없다. 목적은 내가 떠오른 그 생각이 어떤 부분을 읽고 떠오른 생각인지를 적는 것이다. 이는 나중에 책을 한 번 더 훑으며 정리할 때에 도움이 된다. 또 색깔별로 생각을 적어 내려가면 더 기억에 잘 남는다.

나는 이 3색 볼펜 메모 독서법으로 책을 더 쉽게 정리하고 소화시키고 있다. 3색 볼펜으로 책을 읽으며 작가와 대화를 나누고 소통을 한다. 3색 볼펜으로 읽을 때 나는 책이 살아 있음을 느낀다. 작가와 3색 볼펜으로 소통할 때에 책은 더 이상 죽어 있는 매체가 아니다. 또 내가 각각의 모드로, 작가와 글로 이야기하는 것이 재미있다. 그리고 3색 볼펜 메모 독서법의 가장 큰 강점은 쉽다는 것이다. 3색 볼펜이 구하기 어렵다면, 내게 연락하라. 집으로 보내주도록 하겠다. 3색 볼펜 메모 독서법은 책을 부담 없이 쉽고 제대로 읽을 수 있는 방법이다.

CHAPTER 03

매일 한 줄이라도 읽어라

오늘의 나를 있게 한 것은 우리 마을 도서관이었다.
하버드 졸업장보다 소중한 것이 독서하는 습관이다. – 빌 게이츠

관성의 법칙, 습관이 되다

이 세상에는 '관성의 법칙'이라는 것이 존재한다. 뉴턴의 운동 제 1법칙으로 관성의 법칙은 외부에서 힘이 가해지지 않는 한 모든 물체는 자기의 상태를 그대로 유지하려고 하는 것을 말한다. (출처 : 네이버 지식백과) 그리고 이는 사람의 습관에도 적용된다. 매일 하던 것을 하지 않게 되면, 그것을 다시 시작하는 데에는 계속할 때보다 더 큰 의지와 에너지가 필요하다. 그래서 습관이 중요한 것이다.

나는 한 때, 할 엘로드의 『미라클 모닝』을 읽고 그 책에 나온 습관들을 실천했던 적이 있다. 그 책에서는 Life S.A.V.E.R라는 약자로 총 5개의

습관을 제시한다. 그 5가지는 Silence(침묵-명상), Affirmation(확신의 말), Visualization(시각화), Exercise(운동), Reading(독서)이다. 할 엘로드는 스무 살에 대형 트럭과 정면충돌하는 심각한 교통사고를 겪었다. 그 사고로 열한 군데의 골절과 영구적인 뇌 손상을 입었으며, 다시는 걸을 수 없을 것이라는 진단을 받았다. 하지만 그는 그 진단을 거부하고 스스로 기적의 아침 습관을 만들며 재활에 성공한 것도 모자라 미국 최고의 자기계발 강연가이자 동기부여가로 경제적 성공을 이룬다. 나도 이 책을 감명 깊게 읽고 바로 실천에 옮겼다.

나는 매일 새벽 5시에 일어난다. 출근버스를 타기 위해서였다. 그리고 퇴근하고 조금 늦게 자면 12시를 넘겼기 때문에 더 일찍 일어나는 것은 무리하다고 판단했다. 그래서 평상시와 같이 5시에 일어나며 내게 맞는 미라클 모닝 습관을 만들었다. 우선 일어나자마자 잠을 깨기 위해 간단한 스트레칭을 했다.(Exercise) 그리고 씻으며 시각화를 했다.(Visualization) 그리고 옷을 갈아입으며 벽에 붙여놓은 확신의 말들을 소리 내어 읽었다.(Affirmation) 그리고 집을 나서 출근버스를 타러 가는 지하철 안에서 명상을 했다(Silence) 그리고 출근 버스를 타고 가는 길에는 독서를 했다.(Reading)

처음에는 이 습관이 자리를 잡지 않아 빼먹는 경우도 생겼지만, 차츰 습관이 되며 내 출근 패턴으로 자리 잡았다. 그리고 몇 달 동안 이 습관을 유지했다. 습관으로 자리 잡자 점점 더 쉬워졌다. 여유가 생겼다. 종이에 표로 만들어 인쇄해놓고 체크하면서 실천했다. 그렇게 하루하루 실천한 칸에 X자를 치다 보니 재미도 있었다. 처음 시작할 때의 어려움은 없어지고 습관의 관성으로 편하고 여유롭게 실천할 수 있게 된 것이다. 그렇게 몇 달을 유지하던 미라클 모닝의 습관을 어느 날의 감기몸살 때문에 다시금 멈추게 되었다.

하루는 감기몸살이 너무 심해서 아침에 5시에 제대로 일어나지 못했다. 그러다 보니 그 뒤의 습관들도 제대로 실천하기 어려웠다.

'아프니까 오늘만 쉬자.'

나는 내 마음속에서 이런 이유를 대며 5가지 습관을 모두 쉬었다. 쉬고 나니 마음이 편했다. 억지로 하지 않고 오늘은 쉬면서 컨디션을 회복해야겠다는 생각이 들었다. 하지만 이 한 번의 멈춤은 내 미라클 모닝 습관에 브레이크로 작용했다. 잘 돌아가던 내 미라클 모닝 습관은 이 한 번의 멈춤을 계기로 조금씩 멈춰갔다. 몇 개월이나 지속했던 습관이 멈춰버린 것이다. 관성은 시작할 때에도 작용하지만 멈출 때에도 작용한다. 마치 달리던 버스가 멈춘 그대로의 상태를 유지하듯이 말이다.

매일 꾸준히 읽어야 습관이 된다

모든 습관은 관성이다. 관성이 있기에 한 번 형성된 습관은 큰 노력 없이 유지되는 것이다. 그리고 그 관성은 꼭 그 행동을 전부 하지 않더라도, 아주 작게 매일 실천만 하더라도 유지된다. 이것이 매일 한 줄씩이라도 책을 읽어야 하는 이유이다.

내가 감기 몸살에 걸렸을 때, 미라클 모닝의 5가지 중 하나라도 계속 했더라면 어땠을까? 혹은 5가지 습관을 아주 조금씩이라도 꾸준히 했더라면 내 관성은 유지되었을 것이고, 지금까지 미라클 모닝을 이어가고 있었을 것이다. 당신의 독서도 마찬가지이다. 꼭 매일 한 권을 읽을 필요는 없다. 오히려 한 권을 읽어야 한다는 강박감에 관성이 더 빨리 끊길 수도 있다. 변화하려면 책을 읽는 것이 중요하다. 처음부터 매일 한 권이라는 무거운 목표를 설정하고 부담감을 느껴가며 책을 읽을 필요는 없다. 어떤 일이든 처음은 가볍게 시작해야 하기 때문이다. 가볍게 시작하며 습관을 만들고 조금씩 그 무게를 늘려가야 한다.

우리에게는 목표 달성을 위해 '관성'이라는 아주 효과적인 장치가 내재되어 있다. 이 장치를 이용하면 힘 안 들이고 쉽게 목표를 달성할 수 있는데, 왜 사용하려 하지 않는가? 관성은 처음에 습관을 만들기만 하면 그다음부터는 힘이 거의 들지 않는다.

내가 자주 하는 말이 있다. 물리를 배운 이과생이라면 알 것이다. 바로 정지 마찰력과 운동 마찰력이다. 이것 역시 관성과 관계가 있다. 눈을 감고 상상해보자. 당신의 눈 앞에는 거대한 바위가 놓여 있다. 그리고 이 바위가 당신의 앞길을 가로막고 있어 꼭 치워야 한다. 다행히 길은 평지이고, 바위는 동그랗게 생겨서 처음 한 번만 밀면 될 것 같다. 당신도 이 생각이 들었는가? 이게 바로 정지 마찰력과 운동 마찰력이다. 아무리 커다란 바위라도 멈춰 있던 것을 한 번 움직이면 그 다음부터는 수월하게 굴러간다. 가만히 있는 바위를 처음 움직일 때에는 정지 마찰력이 작용하여 더 큰 힘이 필요하다. 하지만 움직이기 시작한 바위는 그보다 적은 힘이 필요하다. 이것이 운동 마찰력이다.

물질의 세계에 적용된 이 관성의 법칙은 우리 습관에도 동일하다. 우리는 지금의 상태를 계속 유지하려는 관성에 있기 때문에 정지 마찰력이 크다. 하지만 한 번 습관을 만들어 새로운 관성이 만들어지면 그다음부터는 처음보다 적은 힘이 든다. 우리는 독서로 자기계발을 하기 위해 이 책을 읽고 있다. 당신이 지금 독서 습관이 잡혀 있는지 아닌지는 중요하지 않다. 중요한 것은 지금 이 순간의 당신이다. 당신은 스스로를 변화시키고자 하는 마음에 이 책을 읽고 있다. 책을 읽으며, 나와 소통하며 스스로의 생각을 조금씩 변화시키고 있다.

오늘부터 당장 매일 조금씩이라도 꾸준히 책을 읽어라. 양이 적어도 상관없다. 아주 작은 독서라도 상관없다. 단, 꾸준히 매일 읽어야 한다. 당신의 독서 관성을 만들어야 한다. 관성이 생기기도 전부터 너무 무리한 목표를 잡는 일이 없기를 바란다.

그렇다면 얼마나 읽어야 될지에 대해 궁금할 것이다. 나는 하루 1,440분의 1%인 15분 동안 책 1꼭지를 읽기를 권장한다.(1꼭지란 지금 당신이 읽고 있는 '매일 한 줄이라도 읽어라'와 같은 소제목을 말한다.) 15분 정도면 매일 꾸준히 부담 없이 읽을 수 있고, 1%라는 의미도 갖고 있기 때문이다. 나의 경우 출퇴근 버스에서, 그리고 매일 가는 화장실에서 책을 읽곤 했다. 15분이라는 시간은 그리 길지 않은 시간이기 때문에 지금 하고 있는 생활 패턴에서도 충분히 찾을 수 있을 것이다.

당신이 독서하는 것이 의무가 아닌 즐거움으로 느껴지기 시작할 때에, 조금씩 독서 양을 늘려가기를 바란다. 15분도 부담스럽다면 매일 한 줄이라도 읽어라. 책을 열어서 읽는 그 자체가 아주 작은 독서가 되어 당신의 독서 관성에 도움을 줄 것이다. 그리고 그렇게 만들어진 독서 관성은 점차 당신의 독서 근육을 길러줄 것이다. 당신의 독서 근육이 길러질수록 당신은 변화할 것이다. 당신의 독서 관성을 응원한다.

CHAPTER 04

책 읽고 싶은 환경을 찾아라

책이 없는 방은 영혼이 없는 육체와 같다. – 키케로 루보크

내 방이 곧 내 자신이다?

어떤 일을 하든 환경은 중요하다. 환경이 사람에게 끼치는 영향이 크기 때문이다. 물론 의지로 환경을 극복한 사람들도 있지만, 보통 사람이 그러기는 쉽지 않다. 그렇기에 환경이 더욱 중요한 것이다. 환경의 중요성을 강조한 책 중에 일본의 청소 전문가 마쓰다 미쓰히로의 『청소력』이란 책이 있다. 이 책은 제목에서 알 수 있듯이 청소를 강조한 책이다. 청소와 환경 연관이 있는 것 같지만, 왜 이 책 이야기를 했는지 궁금하지 않는가?

『청소력』에서 작가는 이런 말을 한다.

"당신이 사는 방이, 당신 자신이다."

소름 돋는 통찰이다. 내 방의 모습이 나 자신이라니? 내가 곧 방이란 말인가? 처음엔 이해되지 않을 것 같던 이 말은 내 방 모습을 보면서 바로 이해되었다. 만약 당신의 방이 정리가 깔끔하다면 당신의 머릿속도, 마음속도 깔끔히 정리된 상태일 것이다. 반대로 당신의 방이 정리가 안 된 뒤죽박죽의 공간이라면 당신의 마음과 머릿속 역시 마찬가지일 것이다. 당신의 방 상태가 곧 당신 자신의 상태인 것이다. 나 역시 내 방 상태를 보고는 작가의 말에 공감하게 되었다. 나는 매일 '정리가 안 돼'라는 말을 습관적으로 내뱉고 있었다. 그리고 회사에서든 집에서든 정리 좀 하라는 말을 자주 듣고 있었다. 이 모습이 곧 내 상태였던 것이다.

생각은 에너지이고 이 세상 모든 것은 에너지로 이루어져 있다. 우리 사람도 마찬가지이고, 저기 있는 책상도, 침대도 모두 에너지로 이루어져 있다. 방이 어지럽혀 있다는 것은 곧 자신의 에너지가 어지럽혀져 있는 것과 같다. 누구도 에너지가 어지럽혀지기를 바라지는 않을 것이다. 하지만 방 정리를 쉽게 하지 않는다. 그렇기에 방에는 어지러운 에너지가 넘치게 되는 것이다.

『청소력』에서 작가 마쓰다 미쓰히로는 청소를 통해 공간의 에너지를 바꿀 수 있다고 이야기 한다. 청소를 통해(−) 에너지를 깨끗하게 만들고, 또

(+) 에너지를 더 강하게 만들어줄 수 있다는 것이다. 나는 이것을 깨끗하게 정돈된 카페에서 느끼곤 한다. 우리 동네에는 작지만 아담하고 깨끗한 카페가 있다. 나는 내 방에 있을 때엔 답답함을 느껴서 그 카페로 종종 향하게 되는데, 카페에 도착하는 순간 나는 어떤 깨끗한 느낌을 받곤 한다. 에어컨이 틀어져 있는 시원함 때문일 수도 있겠다. 하지만 나는 그 공간이 주는 느낌이라고 생각한다. 카페 사장님이 정성스레 테이블 하나하나를 닦고 정리하는 모습을 봐왔기 때문이다.

당신에게도 그런 공간이 있을 것이다. 가기만 해도 기분이 좋아지는 그런 공간 말이다. 보통 정신없이 바쁜 식당보다는 어느 정도 손님은 있지만 너무 시끄럽지 않은 카페에서 이런 느낌을 많이 받는 것 같다. 카페 사장님이 가게를 사랑하고, 사랑하는 마음을 담아 가게를 깨끗이 관리하는 곳이라면 그 환경 자체가 나에게 좋은 에너지를 준다. 『청소력』에서도 '책상 감사 닦기'를 실천하기를 권한다. 감사하는 마음을 갖고, 감사하다는 말과 함께 매일 책상을 닦으라는 것이다.

나는 처음에는 '이게 무슨 짓이야?'라고 생각하며 청소를 하지 않았다. 정말 가뭄에 콩 나듯 아주 가끔 한 번씩 닦곤 했다. 그나마도 하지 않게 되었다. 관성이 떨어졌기 때문이다. 그렇게 잊고 지내던 어느 날이었다. 나는 갑자기 가슴 깊숙한 곳에서 감사가 넘쳐흐르는 경험을 하게 되었다. 그날 하루가 너무나 감사했고, 그저 가만히 서 있을 뿐인데도 가슴 깊숙한 곳에 지하수가 넘쳐흐르듯 감사가 흘러 나왔다. 그리고 나는 이것이『청소력』에 나온 감사함이라는 생각이 들어 내 방 책상을 닦기 시작했다.

닦으려고 마음을 먹자 방법은 간단히 나왔다. 전에는 걸레를 매일 빨아서 닦았는데, 시간과 노력이 꽤 들어서 금방 포기했다. 하지만 이번에는 달랐다. 나는 물티슈로 내 방 책상, 창틀을 매일 닦았다. 그리고 책상 위를 정리하기 시작했다. 정리정돈이 되고, 감사가 더해진 청소를 시작하자 내 방 분위기는 변하기 시작했다. 감사의 에너지가 조금씩 쌓이고 있었다. 이 습관 덕분에 나는 내 방에서 더 기분 좋은 휴식을 취할 수 있게 되었다. 마치 내가 자주 가는 동네 카페처럼 말이다.

책 읽고 싶은 환경을 찾아라

당신은 어떤 환경에 있을 때 책이 마구 읽고 싶어지는가? 조용한 도서관인가? 아니면 시끌벅적한 카페인가? 아니면 적당히 시끄러운 카페인가? 당신에게도 무언가 책 읽고 싶어지는 그런 마법의 공간이 있을 것이다. 나의 경우는 대형 서점과 중고 서점이 그렇다.

나는 오프라인 중고서점에 가는 것을 좋아한다. 알라딘 중고서점에서 나는 그 특유의 향기도 좋아하고, YES24 중고서점에서 느껴지는 그 따뜻한 분위기도 좋아한다. 중고서점들은 중고 책들과 함께 책을 사랑하는 사람들의 온기가 느껴져서 좋다. 이제 절판되어 구하지 못하는 책들을 구할 수 있는 것도 좋고, 각 서점만의 굿즈를 구경하는 재미도 쏠쏠하다. 덕분에 나는 어떤 곳에 가던 그곳에 중고서점이 있는지를 검색해보곤 한다. 그리고 그 서점에 평소 구하고 싶었던 책이 있는지 검색해보고 없더라도 찬찬히 구경을 해보곤 한다.

중고 도서들의 좋은 점은 가격이 싸다는 것도 있지만, 책 한 권 한 권이 사연과 추억을 담고 있기 때문이다. 가끔 가다 정말 새 책 같은 책을 발견하기도 하지만, 중고 도서만이 주는 그 느낌은 마치 향수와 같다. 은은하지만 깊게 퍼지는 향수. 나는 그 향수에 취해 중고 서점 이곳 저곳을 기웃거리곤 한다. 살 것이 없더라도 그저 돌아다니며 구경하는 것만으로도 기분이 좋아지는 곳이다. 그러다 마음에 드는 책을 발견하면 근처 테이블에 앉거나 여의치 않으면 바닥에 앉아 읽곤 한다. 바닥에 앉아 읽는 것도 나름의 운치가 있다. 그렇게 중고 서점에 가면 나는 자연스레 책의 분위기에 둘러싸이고, 또 그 안에서 자연스레 책을 읽게 된다.

대형 서점은 중고 서점과는 또 다른 매력이 있다. 대형 서점의 장점은 모든 종류의 최신간 도서들을 만날 수 있다는 것이다. 또 베스트셀러와 스테디셀러를 보기 좋게 정리해두었기에 최신 트렌드를 확인할 수도 있다. 그리고 새 책들이 주는 묘한 설렘이 있다. 중고 서점에 중고 도서들의 향수가 옅게 묻어 있었다면, 대형 서점들은 새 책들이 주는 두근거림과 설렘이 있다. 빳빳한 표지와 각 잡힌 정렬상태는 보는 내 자신마저 깔끔하고 정돈된 느낌을 준다. 또 한 권 한 권 정성스레 배열된 책들을 보며 '이 책은 어떤 내용일까?' 궁금증이 생긴다.

대형 서점에선 눈에 보이는 새 책을 꺼내들고 바로 자리에 앉아 읽기 시작한다. 왠지 의자에 앉아서 읽는 것보다 그렇게 읽는 것이 더 재미있다. 무언가 지식인의 자유로움이 느껴지는 자세랄까. 그렇게 책을 읽다 보면 어느새 시간이 금방 지나간다. 책의 환경 속에서 자연스레 책을 찾고 책을 읽는 그 분위기와 환경이 나도 모르게 책을 읽고 싶게 만드는 것이다.

당신에게도 이런 곳이 있는가? 없다면 대형 서점이나 중고 서점을 가보기를 추천한다. 그 곳에 가면 책들이 주는 향기에 젖어 나도 모르게 책을 읽고 있을 것이다. 혹은 동네 도서관이나 카페, 북 카페도 추천한다. 그 곳에 있는 다른 사람들이 내뿜은 독서에 대한 열정과 분위기가 당신을 매료시킬 것이다. 그것도 아니라면, 나처럼 청소를 실천하자. 당신의 방이 가장 좋은 독서 환경이 될 것이다. 독서 관성을 만들기 위해서 책 읽고 싶은 환경을 찾아라. 혹은 만들어라. 당신이 책 읽기 좋아지는 환경을 찾는 순간 당신의 독서 관성이 만들어지는 속도는 더 빨라질 것이다.

CHAPTER 05

필요한 부분만 골라 읽어라

단순히 읽기 시작했다는 이유만으로 결코 책을 끝까지 읽지 마라. – 존 위더스푼

학교에서 배운 책 읽기

나는 아직 초등학교 시절의 국어시간이 기억난다. 우리는 교과서를 펴고 자리에 앉아 수업을 들었다. 선생님은 한 자 한 자 또박또박 교과서를 읽어 나가셨다. 그러다 오늘 날짜가 며칠인지를 묻고 그 번호인 사람을 호명하여 소리 내어 책을 읽게 하셨다. 한 자 한 자 또박또박 말이다. 한 글자도 빼놓지 않고 책을 전부 읽어야 했다. 국어 교과서는 그런 책이었고, 국어 시간은 그런 시간이었다. 그리고 우리는 이 교육에 익숙해져있다. 그래서 지금도 책을 처음부터 끝까지 읽으려고 한다. 굳이 그럴 필요가 없음에도 말이다.

한 번 익숙해진 습관은 고치기가 어렵다. 그것도 학창 시절 내내 굳어진 습관이라면 더욱 그렇다. 나 역시 그러했다. 책은 무조건 처음부터 끝까지 읽어야 하는 줄 알았다. 하지만 책은 마라톤이 아니다. 처음부터 끝까지 완주할 필요가 없다. 책은 필요에 따라 골라 읽어야 한다. 이것이 시간이라는 한정된 자원을 가장 효율적으로 투자하여 독서하는 방법이다. 우리는 필요한 부분만 골라 읽어야 한다.

내가 1년 365권 독서를 처음 시작했을 때, 나는 3일에 한 권을 읽을 수 있었다. 이 역시 빠른 속도였지만, 1년에 365권을 읽기에는 역부족이었다. 직장을 다니며 하루에 한 권 읽기는 불가능한 미션 같았다. 하지만 나는 굳게 마음을 먹었고 방법을 찾기 시작했다. 처음엔 독서할 시간을 만들기 시작했다. 출퇴근 버스에서, 점심시간에, 화장실에서 책을 읽었다. 하지만 시간을 만들어도 한 권을 읽기에는 조금 부족했다. 그래서 찾은 방법이 바로 필요한 부분만 읽는 발췌독이다.

예전에 『드래곤볼』이라는 만화책을 읽었던 기억이 있다. 이 만화책은 총 42권으로 구성되어 있는데, 한 번 읽기 시작하면 뒷이야기가 궁금해서 멈출 수가 없었다. 초반부는 조금 지루했지만 뒤로 가면 갈수록 주인공인 카카로트(손오공)가 성장하는 모습이 너무나 재미있었다. 강한 적들과 맞서 싸우며 조금씩 강해지는 모습을 보면 내가 더 기뻤다. 그 때문에 나는 42

권을 한 번에 빌려 하루 만에 다 읽었다. 만화책은 스토리가 있기 때문에 중간을 빼먹고 읽어서는 안 되었다. 그래서 42권을 빌려서 전체를 빠르게 읽은 것이다.

하지만 만화책과 달리 보통의 책들은 전체 꼭지가 서로 이어지지 않는다. 소설이나 에세이라면 모르겠지만 비문학 도서들의 경우 보통 전체를 다 읽어야만 이해되지 않는다. 오히려 내게 필요한 부분만을 읽는 것이 똑똑한 전략이다. 내게 필요 없는 부분을 읽으며 시간과 에너지를 낭비할 이유가 없지 않은가? 작가는 보통 책을 쓰며 한 꼭지 꼭지마다 원하는 주제를 정해놓고 그에 대한 생각과 사례들을 적어나간다. 그 꼭지 제목처럼 생각하는 이유나 그에 걸맞는 사례들을 통해 독자가 그 꼭지의 내용을 이해할 수 있게 한다. 각 꼭지에는 그 꼭지에 대한 내용만이 담겨 있을 뿐, 다른 꼭지의 내용을 가져와 쓰지 않는다. 즉 각 꼭지만을 읽어도 내용은 이해되기 마련이다. 그렇기 때문에 필요한 부분만 읽어도 충분한 것이다.

우리가 책을 처음부터 끝까지 읽는 이유는 어렸을 적 그렇게 책을 읽어야 한다고 교육받았기 때문이다. 처음부터 끝까지 한 글자 한 글자씩 또박또박 읽어야 한다고 배웠기 때문이다. 그리고 또 하나의 이유가 있다. 바로 '혹시 내가 안 읽은 부분에서 좋은 내용이 나올까봐서'이다. 하지만 이는 '혹시나 유전이 터질까봐서 내가 가는 길을 전부 파고 다니는 것'과 같다. '혹시나', '만약에'를 기대하며 전체를 읽는 것이다.

물론 혹시나, 만약에 내가 가는 길에서 석유가 나올 수도 있을 것이다. 아무도 발견하지 못한 저 깊숙한 곳에 유전이 터질 수도 있다. 그리고 유전이 발견되면 우리나라도 산유국이 되고 본인도 부자가 될 것임에 분명하다. 하지만 당신이 가는 길에서 유전이 터질 확률이 얼마나 될까? 그것도 한국에서 말이다. 책을 처음부터 끝까지 읽는 것은 이와 같은 어리석은 짓이다. 작가 역시 독자가 본인의 책을 그렇게 읽기를 바라지 않는다. 작가는 독자에게 도움을 주기 위해 책을 썼기 때문이다. 책의 한 꼭지 한 꼭지를 소중하고 정성들여서 썼지만 독자에게 모든 꼭지가 필요하지 않을 수 있음을 감안한다. 내 모든 얘기가 당신에게 도움이 되지 않을 수 있기 때문이다.

내가 아무리 산전수전을 겪은 정말 대단한 사람이라 할지라도, 내 인생의 모든 부분이 당신에게 도움이 되지는 않을 것이다. 내가 군대에서 축구한 이야기도 당신에게 도움이 될 수 있을까? 어떤 사람에게는 그마저도 큰 감명과 울림을 줄 수 있을 것이다. 내가 군대에서 축구 한 이야기를 하며 즐거움과 감명을 얻어 그 즉시 변화가 일어날 수도 있다. 하지만 그 이야기를 감명 깊게 듣지 않는 사람이 더 많을 것이다. 하지만 나도 모르게 내 이야기에 빠져 군대에서 축구한 이야기를 할 수도 있다. 그때에는 듣는 사람이 슬슬 흘려가면서 들어야 하는 것이다.

책도 마찬가지이다. 작가의 모든 생각과 이야기가 당신에게 필요하지는 않을 것이다. 당신이 흥미가 가고 당신에게 필요할 것 같은 꼭지만 찾아서 읽어나가면 된다. 당신에게 필요한 부분을 굳이 읽을 필요는 없다. 그리고 나는 이 방법으로 하루에 한 권 읽기에 성공할 수 있었다. 꼭 책 전체를 읽을 필요가 없음을 깨달았기 때문이다.

필요한 부분만 읽어도 된다

처음에는 책 전체를 읽되, 중간중간 내가 아는 내용이나 필요 없는 내용이 나오면 후루룩 넘겨가며 읽었다. 지금은 책을 읽기 전에 먼저 목차를 보고 각 꼭지 제목을 확인한다. 꼭지 제목들을 보다 보면 내가 흥미가 있는 제목이나 필요한 제목이 보인다. 그럼 나는 내 3색 볼펜 중 검은색을 꺼내 그 꼭지 제목 옆에 V자로 체크를 해둔다. 그렇게 전체 꼭지를 확인한 뒤에는 V자로 체크한 꼭지로 넘겨 그 페이지의 오른쪽 윗부분을 살짝 접어둔다. 나만의 브레이크 같은 것이다. 그럼 나는 매번 목차를 확인할 필요 없이 오른쪽 윗부분이 접힌 꼭지만 읽으면 되는 것이다. 나는 이렇게 읽기 시작하자 책 읽기에 대한 부담도 많이 줄었고, 책을 더 효율적으로 읽을 수 있게 되었다.

그리고 내가 접어둔 페이지로 넘어가 각 꼭지를 읽기 시작하면 접어둔 자국을 다시 폈다. 그리고 내가 중요하다고 생각하는 내용이 있는 페이지의 오른쪽 윗부분을 접었다. 한 번 읽고 난 뒤에는 접힌 페이지가 곧 나만의 책갈피가 되는 것이다. 그리고 나중에 그 책을 다시 읽을 일이 있을 때 그 접힌 페이지를 위주로 읽으면 더 빠르게, 핵심만을 읽을 수 있어 좋았다. 작가가 만든 책이 나에 의해서 한 번 가공된 것이다. 이 책은 나만의 책이 되는 것이다. 내가 편집자가 되어 그 책의 중요한 부분을 표시한 책이 된 것이다.

거기다 3색 볼펜 메모 독서법으로 책의 중간 중간 내 생각이 더해지니 그 책의 가치를 따지기는 어려울 것이다. 만약에 내가 책을 빌려서 봤다면 어땠을까? 돈 한 푼 아끼려고 책을 빌려서 읽었다면 접지도, 적지도 못했을 것이다. 그래서 책은 사서 읽어야 한다. 단, 나에게 필요하다고 생각되는 책에 한해서 말이다. 나에게 필요한 책을 빌려다 보는 것은 정말 바보 같은 짓이다. 그 책은 내 책이 아닐뿐더러, 책의 내용도 내 것이 될 수 없다. 만약 이 책을 읽고 있는 당신도 책은 빌려봐야 한다고 생각한다면 그 생각을 지금부터 바꾸기 바란다. 빌린 책은 책도 내 것이 아니고, 책 내용도 내 것이 아니다.

책 내용은 사진 찍거나 메모해서 갖고 있으면 된다고 생각할 수 있겠다. 하지만 나중에 그 책 내용이 궁금하거나, 다시 읽고 싶을 때는 어떻게 할 것인가? 그 전에 읽었을 때의 감정과 생각을 고스란히 남기기 위해서라도 책은 꼭 사야 한다. 그리고 책 중간 중간에 내 생각을 적어야 한다. 그리고 책은 꼭 전부 읽지 말고 중간 중간 필요한 부분만 읽어라. 그래야 내 책이 된다. 그래야 책 내용이 내 것이 된다.

07 『부자들은 왜 장지갑을 쓸까』, 카메다 준이치로, 21세기북스

"꾸준히 돈을 잘 버는 사람들은 지갑뿐 아니라
돈에 관해서도 자기 나름의 규칙을 가지고 있고,
돈 자체를 하찮게 여기지 않기 때문에
좀 더 많은 돈을 가지게 되는 것입니다."

많은 사람들이 부자와 성공에 대한 꿈을 갖고 있을 것이다. 나 역시 마찬가지이다. 그래서 이 책이 내 눈에 들어오자마자 바로 집어 들고 읽기 시작했다.

이 책을 읽게 된 건 주말의 카페였다. 아이스 아메리카노 한 잔과 함께 휴식을 취하고 있던 때 이 책을 발견했다. 그 카페에는 책들이 많았는데 그날 따라 유독 이 책이 눈에 들어왔다. 부자라는 단어와 부자들이 장지갑을 쓴다고 하는 이유가 궁금했기 때문이다.

부자들은 돈을 좋아하고 돈을 인격체처럼 대해다고 한다. 돈은 자기를 좋아하고 아껴주는 사람에게 온다고 한다. 그리고 장지갑은 돈을 아끼는 방법인 것이다. 지갑에 포인트 카드, 영수증 등 필요 없는 것이 없는 청결한 상태를 유지해야 한다는 것을 알고 있었다. 하지만 장지갑을 써야한다고는 생각도 하지 못하고 있었다. 불편했기 때문이다. 하지만 이 책을 읽고 장지갑을 쓰기로 결심했다.

결심은 곧바로 행동으로 옮겨져야 한다. 나는 곧바로 백화점으로 가서 장지갑을 골랐고 구매했다. 그리고 장지갑을 쓰고 있는 지금 돈을 더 아끼게 되었다. 지폐 한 장 한 장을 가지런히 정리하는 습관을 갖게 되었다. 그리고 돈을 더 사랑하고 아끼게 되었다.

저자의 경험에 따르면 보통 부자들은 지갑 가격의 200배의 연봉을 받는다고 한다. 내 연봉도 곧 그렇게 되길 기대한다.

CHAPTER 06

같은 주제의 책을 5권 이상 읽어라

좋은 책을 읽는 것은 과거의 가장 훌륭한 사람들과 대화하는 것이다.

– 데카르트

한 권보다 여러 권을 읽어라

당신은 어떤 일에 대해 조언을 구할 때, 한 명의 친구에게만 묻는가? 아니면 여러 명의 친구에게 묻는가? 예를 들어 옷을 고를 때 말이다. 인터넷에서 옷을 하나 고르고 그 옷이 예쁜지 안 예쁜지 친구들에게 물어보고자 할 때, 한 명의 의견만 물어보는가? 내가 보기에 애매한 옷이면 더 많은 친구들의 의견을 물을 것이다. 한 명의 의견만으로는 충분하지 않기 때문이다. 그 한 명의 의견보다 많은 사람의 의견이 모여 하나의 뜻을 이루기 때문이다. 책 역시 그렇다. 같은 주제의 책이라도 한 권만 읽는 것은 위험하다. 한 권의 책만 읽는 것은 한 명의 의견만 듣고 끝내버리는 것과 같다.

책에는 작가의 생각이 담겨 있다. 같은 주제의 책이라도 작가의 생각은 여러 가지일 수 있다. 같은 옷이라도 사람들의 의견이 다를 수 있듯이 말이다. 같은 주제라고 해서 한 권의 책만 읽게 되면 한쪽으로 치우친 의견만을 가질 수 있다. 그 책에 대한 나의 의견도 한 가지로 치우칠 수 있다. 책을 통해 시야를 넓히고 더 깊이 있는 생각을 하기 위해서는 반드시 같은 주제라도 여러 권의 책을 읽어야 한다.

예를 들어보자. 당신은 독서법을 공부하고 싶다. 인터넷에 독서법을 검색하여 한 권의 책 A를 구입했다. 당신은 독서법에 대한 책을 딱 그 한 권만 읽었기에, 당신에게는 그 책이 독서법의 전부이다. 다른 더 좋은 독서법이 있을 수도 있지만 당신에게는 오직 그 책 한 권이 전부이다. 그렇게 10년을 그 독서법만을 팠다. 그런데 10년 뒤에 우연히 다른 독서법 책 B를 발견하게 되고, 그 책의 독서법이 자신에게 더 맞는다는 것을 알게 된다. 10년간 그 한 권의 독서법만 연마했기에 A 독서법의 고수가 되어 있을 것이다. 하지만 처음에 그 독서법 외에 B 독서법을 연마했더라면? 더 깊은 수준의 독서법 고수가 되어 있을 수 있겠다. 혹은 A와 B를 조합하여 더 새로운 독서법을 만들어냈을 수도 있을 것이다.

이처럼 같은 주제에 한 가지 책만을 읽는 것은 위험이 따른다. 우물 안 개구리가 될 수 있는 것이다. 그렇다면 여러 권의 책을 어떻게 읽어야 할까? 우선 인터넷 서점에서 본인이 원하는 주제를 검색한다. 그리고 검색해서 나오는 책들 중 제목이 마음에 드는 것을 골라 목차와 소개말을 읽어본다. 목차와 소개말을 읽는 이유는 내가 원하는 책의 구성인지, 내용인지를 확인하기 위함이다. 간혹 제목과 다른 방향, 색깔의 내용이 담긴 책들이 있기 때문에 사전에 구분하기 위함인 것이다. 그리고 그렇게 고른 책이라면 과감히 구매한다. 목차와 제목만 보고 구매하기가 어렵다면, 오프라인 서점에서 그 책을 한 번 훑어본 뒤 구매하는 것도 하나의 방법이다. 혹은 도서관에서 빌려본 뒤에 구매하는 것도 하나의 방법이 될 수 있겠다.

하지만 이 2가지 방법 모두 시간이라는 자원의 투자 측면에서는 별로 좋지 않은 판단이다. 보통의 경우 책은 목차에서 이미 그 내용의 색깔과 방향을 알 수 있다. 그 책이 내가 원하는 책인지 아닌지가 목차와 제목에서 이미 걸러지는 것이다. 똑같은 독서법에 관한 책이어도 내가 원하는 색깔, 나와 맞지 않는 방향으로 쓰인 책이라면 그 책은 읽어도 내게 큰 도움이 되지 않을뿐더러 재미도 없을 것이다. 재미도 없고 내 필요와 맞지도 않는 책은 굳이 읽을 필요가 없다. 세상에 좋은 책은 많고 그중 내 목적과 취향에 맞는 책도 많다. 굳이 내게 맞지 않는 책을 읽을 필요는 없다.

그렇게 목차에서 걸러진 내게 맞는 책이면 과감히 구매해서 읽는 것도 방법이다. 괜히 오프라인 서점에 가서 그 책을 한 번 더 읽어보는 데 드는 시간과 노력이 더 아깝다. 차라리 인터넷으로 구매하고 배송 온 책을 바로 읽어 보다 나와 맞지 않으면 과감히 치워두는 것이 시간을 아끼는 길이다. 책 한 권은 치킨 한 마리 값이지만, 그것을 한 번 더 보기 위해 오프라인 서점에 가서 훑어보는 시간은 되돌아올 수 없다.

책 5권은 5명의 멘토

같은 주제의 책을 5권 이상 읽어야 하는 이유는 또 있다. 그것은 마치 수능 과목을 준비할 때에 최고의 강사 5명에게 배우는 것과 같다. 각각의 강사는 나름의 스타일과 방법으로 나에게 맡은 과목을 알려준다. 이 강사에게서는 이 부분을 배우고, 이 강사에게서는 이 부분을 배운다. 각각의 강사가 알려주는 내용들이 모두 내 머릿속에 차곡차곡 쌓이고 조합된다. 조합된 지식들은 다시 나의 것으로 소화되며 나는 그 과목의 전문가가 되어간다. 5명의 강사들은 각자의 특색이 있고 방법이 다르다. 각각의 방법은 장단점이 있고, 나는 그 다섯 명에게 모두 배움으로써 서로의 장단점을 상쇄시키거나 더 깊이 배우게 된다.

같은 주제의 책을 5권 이상 읽어가면서 나는 5명의 강사들에게 배우는 것과 같다. 다섯 개의 관점에서 같은 주제를 바라보게 된다. 5권이 넘어가게 되면 더 많은 관점으로 같은 주제를 바라보게 된다. 여러 관점에서 같은 주제를 바라볼수록 내 시야는 더 넓어지고 내 의식 수준 역시 더 높아지게 된다. 바둑을 둘 때에도 많은 경우의 수를 볼 수 있어야 이길 수 있다. 더 많은 수의 경우의 수를 보고 각각의 가능성을 고민하여 내 돌을 놓는 것이다. 그리고 이는 많은 경험과 많은 공부가 필요한 작업이다. 우리는 이 작업을 독서를 통해 할 수 있는 것이다. 같은 주제에 대한 여러 권의 책을 읽음으로써 더 많은 경우의 수와 관점에서 상황을 바라볼 수 있게 되는 것이다.

나는 한때 자존감, 자기애에 관한 책들만 읽었다. 자존감이라는 주제는 생각보다 중요한 주제였고, 꽤 많은 사람들이 자존감에 대한 책을 썼다. 정신의학과 교수님이 이론적으로 풀어 쓴 책도 읽어 보았고, 상담심리학 교수님이 자신의 상담 사례들을 통해 엮은 책도 보았다. 일반인이 본인의 경험을 엮어 쓴 책도 읽어 보았고, 미국의 유명한 동기부여 전문가가 쓴 책도 읽어보았다. 그리고 이 모든 책은 내가 자존감에 대해 여러 관점에서 생각할 수 있게 도와주었다. 그리고 내 자존감을 높이기 위한 방법을 여러 가지 생각해보고 실천할 수 있게 도와주었다. 실제로 내 자존감을 높이기 위한 방법들에 대해 생각하고, 실천해볼 수 있었다.

만약 내가 한 사람의 책만 읽고 죽어라 팠더라면 어땠을까? 그 책만이 진리이고 그 책에 나온 내용만이 완벽한 해결책이라고 생각하며 무조건 그 책만을 따라 하고자 했을 것이다. 그러면 오히려 강박관념이 생기고 그 방법이 내게 맞지 않거나 제대로 통하지 않았을 때에 주저앉았을지도 모르겠다. 5권의 든든한 자존감 멘토가 있었기에 이렇게도 보고 저렇게도 보고 할 수 있었다. 이 책에서 영감이 떠오르지 않을 때엔, 다른 책에서 영감을 얻기도 했다. 이 책에서 용기를 얻지 못할 때엔, 다른 책에서 용기를 얻곤 했다. 나에게는 항상 준비된 여러 명의 자존감 멘토들이 있었기에 든든했다. 당신이 읽게 될 여러 권의 책에서도 그런 멘토가 만날 수 있을 것이다. 멘토를 한 명으로만 정하지 말라.

같은 주제에 관한 책을 5권 이상 읽는 것은 그 주제에 대해 제대로 공부하는 방법이다. 한 권의 책만으로 그 주제에 대한 답을 내리는 어리석은 실수를 저지르지 않기를 바란다. 가능하면 5권 이상의 다른 책들을 읽어보며 서로 비교하고 조합하여 나만의 방법, 나만의 생각을 정립해가기를 바란다. 예능 MC에 대해 배운다고 하더라도 멘토로 삼을 수 있는 훌륭한 분들이 정말 많다. 래퍼도 마찬가지이다. 각각 본인 고유의 개성과 장점이 있고, 그 장단점 중에 나에게 맞는 점도 있을 것이고 아닌 점도 있을 것이다. 그렇기 때문에 우리는 더 많은 책에서 멘토를 만나야 한다. 당신의 독서를 응원한다.

CHAPTER 07

깨달음을 하루 한가지씩 실행하라

사람은 죽어도 책은 결코 죽지 않는다.
어떤 힘도 기억을 제거할 수는 없다. 책은 무기이다. – 루스벨트

책은 실천을 위한 것이다

'책은 읽기 위한 것이 아니라 실천하기 위한 것이다.'

당신은 이 말에 동의하는가? 동의하지 않는다면 지금부터라도 생각을 바꾸자. 책은 실천하기 위한 매뉴얼과 같다. 책에는 여러 가지 장르가 있다. 소설, 시, 수필과 같은 문학 장르도 있다. 경영학, 경제학, 역사와 같은 인문학 장르도 있다. 그리고 자기계발서와 같은 비문학 장르도 있다. 내가 위에서 말한 책은 그 중 자기계발서에 주로 해당된다. 하지만 다른 책에도 해당될 수 있다. 어떤 책에서도 깨달음이 있을 수 있기 때문이다. 한번쯤 이런 경험이 있을 것이다. 어떤 문제에 대해 곰곰이 고민하고 관련

도서를 정말 미친 듯이 찾아 헤맸다. 하지만 답을 찾을 수도 답이 나오지도 않아 답답했던 경험 말이다. 인터넷도 검색해보고 관련 책도 뒤져보고 했지만 답을 찾을 수 없어 답답했던 경험 말이다. 그러다가 정말 우연히 그저 친구와의 대화에서 그 실마리를 찾아본 경험이 있을 것이다. 그것이 어떤 장르이든 말이다.

답은 언제 어디서든 나타날 수 있다. 그것이 소설이든 자기계발서이든 말이다. 옛말에 '『삼국지』를 3번 이상 읽은 사람과는 대화하지 말라'는 말이 있다. 『삼국지』는 소설인데, 왜 그런 얘기가 있을까? 『삼국지』라는 소설을 3번 이상 읽게 되면 그 사람이 대적할 수 없는 엄청난 사람이 된다는 뜻일 것이다. 『삼국지』가 소설임에도 말이다. 나 역시 이 생각에 동의한다.

『삼국지』는 그 이야기 자체도 재미있지만 그 안에는 인생이 담겨 있다. 제갈량, 사마의, 강유와 같은 천재 지략가들의 전략들도 담겨 있다. 또 유비, 조조와 같은 여러 리더의 모습을 볼 수 있다. 그 안에 나오는 여러 인물들 중에 멘토를 발견할 수도 있다. 내 고민의 답을 얻을 수도 있다. 그리고 이야기를 읽으며 하는 생각들이 나 자신의 의식 수준을 높여주는 것이다. 그리고 그런 성장은 곧 변화를 위한 지지대 역할을 해준다.

현대 사회에서는 그때와 같이 전쟁을 치르지는 않지만 그와 비슷한 일이 우리 생활 속에서 일어나고 있다. 서로 화친하기도 하고, 암투를 벌이기도 한다. 조직생활 내에서 이런저런 작은 전투가 벌어지기도 한다. 그리고 그 전투에서 소위 호구처럼 당하지 않으려면, 처신을 잘 하기 위해서는『삼국지』를 읽고 깨달은 것들, 삼국지에 나온 전략들을 활용할 필요가 있는 것이다.

이처럼 소설 속에도 분명히 깨달음이 있고, 실천할 것이 있다. 그리고 책은 실천이 되었을 때 정말 의미를 지닌다. 마음으로 깊이 깨달은 것을 실천에 옮겨 내 생활에서도 변화가 일어나게 해야 하는 것이다. 생각은 실천으로 옮겨질 때에 의미가 있다. 실천 없는 생각은 그저 허공에 존재할 뿐이다. 생각이 실천으로 이어질 때에 그 생각은 비로소 생명을 갖게 된다.

실천이 습관이 되어야 한다

지구의 모든 물체는 관성의 법칙을 따른다. 양자의 세계로 들어가거나 더 작은 세계로 들어가면 그렇지 않지만, 우리가 사는 세상에서는 관성의 법칙이 절대적이다. 한 번 움직이던 물체를 멈추기 위해서는 많은 힘이 필요하다. 하지만 움직이고 있는 물체를 계속 움직이는 데에는 힘이 별로 들지 않는다. 급정차, 급출발 없이 정속주행을 하면 연료 소비를 줄어드는 이유이다. 그리고 이는 우리의 습관에도 동일하게 적용된다. 매일 하는 일을 지속하는 데에는 힘이 크게 들지 않지만, 새로운 일을 시작하려면 더 많은 힘이 필요하다. 책을 읽는 습관, 그리고 책에서 깨달은 것을 실천하는 습관도 역시 관성의 법칙을 따른다. 하지 않던 것을 새로 시작하는 데에는 많은 노력이 필요하지만 이미 시작하여 습관이 되면 그것을 유지하는 데에는 큰 힘이 들지 않는다.

당신은 책을 읽기만 해서는 당신의 인생이 바뀌지 않을 것을 알고 있을 것이다. 나는 대학시절 200권의 책을 읽었지만, 실천에 옮긴 것은 거의 없었다. 실천에 옮기지 않다 보니 내 삶에 직접적인 변화는 크게 없었다. 그러다 보니 책으로는 변할 수 없겠다는 생각까지 하게 되었다. 하지만 책에서 깨달은 것을 실천에 옮겨야만 한다는 사실을 깨닫고는 내 인생은 180도 변했다. 책은 당신의 멘토이자 매뉴얼이다. 아무리 멘토가 좋은 얘길 해준다고 해도 이전과 똑같이 행동한다면 당신에게는 아무런 변화가 없을 것이다. 하지만 깨달음을 실천하기 시작할 때, 당신의 인생은 변하기 시작할 것이다.

실천하는 습관도 관성의 법칙을 따른다. 한 번도 실천해 본 적이 없는 사람이 갑자기 실천을 하기란 꽤 어려운 일이다. 물론 마음에 엄청난 변화가 있어 갑자기 열과 성을 다해 실천에 옮길 수도 있다. 보통 죽다 살아난 경험을 한 사람들이 그렇게 극적으로 변한다. 세계적인 베스트셀러 『골든 티켓』의 작가 브렌든 버처드가 그랬고, 대한민국 대표 의류 브랜드 이랜드의 박성수 회장이 그렇다. 하지만 그 때문에 우리가 죽다 살아난 경험을 일부러 할 수는 없지 않은가? 그리고 굳이 그렇게 할 필요도 없다. 습관은 관성이기 때문이다. 당신은 그저 하루에 한 가지씩 작은 실천을 하면 된다. 책에서 깨달은 것을 내 삶으로 가져와 작은 실천 한 가지씩만 하면 된다.

책 한 권에서 한 가지씩의 실천을 할 필요는 없다. 그렇게 하자면 실천해야할 것이 너무 많아진다. 책을 읽다가 자신의 생활에 꼭 필요한 것들을 찾아 실천에 옮겨라. 그리고 이 실천은 조금씩 쌓여 더 큰 하나가 될 것이다. '티끌모아 태산'이라는 말이 있듯이 한가지의 실천이 조금씩 모여 태산을 이루게 되는 것이다. 변화를 위해서는 실천이 필요하고 그 실천은 한 번에 이루어질 수 없다. 실력 좋은 야구선수일수록 매일의 훈련을 꾸준히 실천하는 이유이다. 그리고 그런 꾸준한 훈련이 있었기에 실력 좋은 야구선수가 될 수 있었을 것이다.

당신은 한 권의 책을 읽으며 정말 많은 생각을 하게 될 것이다. 또 많은 것을 깨닫게 될 것이다. 내 삶에 적용하여 내 삶을 바꿀 아이디어들, 부자가 될 수 있는 아이템들, 내 꿈을 이루기 위한 아이디어 등 정말 많은 것이 당신의 머릿속에 떠오를 것이다. 그런 아이디어들이 떠올랐을 때 책에 적어두고 바로 실천에 옮기자. 생각은 적지 않으면 금방 날아가기 때문이다. 책이 아깝다고 아무것도 적지 않는 사람들이 있다. 하지만 그것은 책을 아끼는 방법이 아니다. 진짜 아끼는 대상에게는 더 많은 관심과 사랑을 전해야 한다. 그리고 책에 사랑을 전하는 방법은 내 생각과 깨달음을 구석구석에 적는 것이다. 그리고 이렇게 적은 깨달음과 아이디어들을 생활 속에서 실천하라. 적어놓기만 한 아이디어는 곧 빛을 잃는다. 하지만 아이디어가 실천으로 이루어질 때, 그 아이디어는 더욱 밝은 빛을 낼 것이다. 매일의 작은 실천 습관이 당신의 꿈으로 향하는 이정표이자 어두운 밤길을 밝혀주는 헤드라이트가 되어줄 것이다. 당신의 독서와 꿈을 응원한다.

CHAPTER 08

생각과 깨달음을 적으며 읽어라

독서는 집안을 일으키는 근본이다. – 『명심보감』 중에서

책을 읽고 성장하려면

당신은 성장하고 있는가? 성장(成長)이란 단어의 뜻은 '사람이나 동식물 따위가 자라서 점점 커지는 것.'이라고 한다. 우리가 성장이라는 단어를 쓸 때 보통은 사전의 뜻처럼 키나 몸집의 성장을 이야기한다. 하지만 책을 읽고 키가 자랄 일은 없다. 이 꼭지에서 말하는 성장은 당신의 의식과 마음이 자라는 것을 의미한다. 물론 책을 읽고 키가 자란다면 더 좋겠지만 말이다.

당신은 지금 당신의 성장을 위해 이 책을 읽고 있을 것이다. 이 책 말고도 많은 책들을 읽었을 것이다. 하지만 책은 그저 읽기만 한다고 당신에게 성장을 가져다주지는 않는다. 키가 크기 위해서는 먹는 것뿐 아니라 운동도 중요하다. 책읽기도 마찬가지이다. 책을 눈으로 읽기만 하면서 성장하기를 바라는 것은 가만히 앉아 먹기만 하면서 키가 자라기를 바라는 것과 같다. 어느 정도의 성장은 이룰 수 있겠지만, 건강하게 자라지는 못할 것이다.

책은 글이 아니라 생각이다. 작가가 생각이라는 무형의 것을 글이라는 유형의 것으로 표현하여 묶어둔 것이 바로 책이다. 머릿속에 있던 작가의 노하우, 생각 등을 글과 종이라는 매체를 통해서 책으로 엮어둔 것이다. 즉 책을 읽는 것은 글에 담긴 작가의 생각을 읽는다는 것이다. 당신은 학창시절 '공부 잘하는 법에 대한 글'이라던가 '게임 잘하는 법', '연애 잘하는 법'에 대한 글을 한 번쯤은 읽어봤을 것이다. 인터넷에 떠도는 누군가의 글, 혹은 연애 고수인 친구의 조언 등 정말 여러 가지 글과 이야기를 보고 들었을 것이다. 그럼 당신은 그 글을 보고, 친구의 조언을 듣고 어떤 반응을 보였는가? 그저 '아 그렇구나.'하고 말았는가? 아니면 그에 대해 대화를 나누거나 본인만의 방법을 고민하여 실천해 보았는가?

당신이 그 글을 굳이 인터넷에 검색해보거나, 친구에게 조언을 구한 것은 필요에 의해서였을 것이다. 공부를 잘하고 싶었거나 연애를 잘하고 싶었기 때문일 것이다. 혹은 게임을 잘하고 싶어서 유튜브를 보고 공부를 해봤을 것이다. 나 역시 예전에 '스타크래프트'라는 게임을 정말 잘하고 싶었다. 주변에 잘하는 친구들이 많아 이기기보다 지는 횟수가 많았기 때문이다.

나는 승부욕이 강하다. 그래서 게임에서 이기고 싶었다. 그래서 스타크래프트를 공부하기 위해 책을 구매했다. 책 이름은 잘 기억나지 않지만, 어떤 프로게이머가 쓴 스타크래프트 기초 강좌와 비슷한 이름이었던 것 같다. 게임을 어떻게 책으로만 배우겠냐마는 그 책에는 아주 기초적인 것들이 나와 있었다. 어떤 타이밍이 무엇을 해야 하는지에 대한 기초 지식 말이다. 스타크래프트는 실시간으로 유닛이 움직이고 싸우기 때문에 순간순간의 판단이 더 중요하다. 하지만 그것도 기본적인 베이스를 잘 쌓아야 가능했고 그 때문에 나는 그 책을 보고 열심히 연습했다. 내가 정말 간절히 이기고 싶었기 때문에 책을 사서 연습을 한 것이다. 그리고 더 대단했던 것은 그 책의 중간중간 내가 해보면서 느낀 것들, 실천할 것 등을 적어가면서 읽은 것이다. 그렇다 이것이 바로 성장하는 독서 방법이다.

이는 공부를 잘하기 위한 방법, 연애를 잘하기 위한 방법에도 똑같이 적용된다. 당신이 연애를 잘하고 싶어 연애 고수가 낸 책을 읽는다고 가정해보자. 연애 역시 사람끼리의 상황이 모두 다르기 때문에 책으로 배우기 어렵다. 하지만 연애 고수는 그중에서도 공통적이고 기본적인 것들을 책에 담아두었을 것이다. 그리고 당신은 그 기본적인 것들을 공부하기 위해 그 책을 읽었을 것이다. 밀고 당기기에 대한 방법, 여자 친구를 배려하는 방법, 데이트 코스 등 정말 수많은 조언이 담겨 있을 것이다. 그리고 연애가 너무나 하고 싶은 당신은 그 책의 내용들을 하나하나 실천해가면서, 혹은 자신의 생각을 적어가며 공부했을 것이다. 그 책의 내용을 내 것으로 만들어 성장하기 위해서 말이다.

글로 적어야 내 것이 된다

책에는 작가의 생각과 노하우가 글로 적혀 있다. 생각은 머릿속에만 있을 때 그 형태가 없어 붙잡기 어렵지만, 글로 적는 순간 형태를 갖게 된다. 생각을 글로 적어야만 더 깊이 이해되고 더 오래 기억된다. 그리고 이런 글들이 쌓이면서 내 성장의 양분이 되어준다. 생각이라는 것은 휘발성이 강해서 적어두지 않으면 금방 날아가서 사라져버린다. 마치 신기루처럼 말이다. 어떤 생각을 하다가 조금만 다른 생각을 하고 나면, 그 전에 했던 생각이 사라져버린다. 다들 그런 경험 한 번쯤 해보았을 것이다.

'오만 가지 생각'이라는 말을 들어보았을 것이다. 사람이 하루에 5만 가지 생각을 한다고 해서 생긴 말이라고 한다. 500가지가 아니라 50,000가지이다. 하루는 1,440분이다. 1,440분 동안 5만 가지 생각이 든다는 것은 1분에 최소 35개의 생각이 든다는 것이다. 2초에 1개이다. 2초에 1개씩 드는 생각을 모두 기억하고 붙들고 있는 것은 불가능하다. 그 책이 아무리 내게 중요하고 엄청난 것이라도 2초 뒤에는 다른 생각이 그 생각을 밀치고 들어올 것이다. 그렇기 때문에 더욱 적어야 한다. 그것도 바로 적어야 한다. 나중에 적으려고 하면 그 생각은 저 멀리로 날아가 없어져 버리고 만다.

좋은 대답을 얻기 위해서는 좋은 질문이 필요하다. 그리고 좋은 책을 읽는 것은 바로 그 좋은 질문을 얻는 것과 같다. 작가의 생각을 읽으며 자연스레 자극을 받고 거기서 질문이 나오기 때문이다. 그렇게 책을 읽으며 얻은 좋은 대답들은 나를 성장시켜줄 수 있는 좋은 영양분이다. 내 성장에 꼭 필요한 대답이고 생각이다. 그 소중한 생각과 깨달음이 저 멀리 휘발되어 날아가기를 원하는가? 귀찮다고 생각과 깨달음을 적지 않으면 그 소중한 생각과 깨달음은 원래 없었던 것처럼 사라질 것이다.

성장한다는 것은 블록을 쌓는 것과 같다. 블록을 하나하나 쌓아가다 보면 어느새 내가 바라던 그 모습이 되어 있을 것이다. 하지만 내가 바라는 모습을 만들기 위해서는 작은 블록부터 큰 블록까지 여러 가지 종류의 블록이 필요하다. 그리고 가장 중요한 설명서가 필요하다. 책은 여러분에게 그 설명서이자, 블록이 되어줄 것이다. 바라는 모습을 이루기 위해서 어떤 것을 해야 하는 지에 대해 여러 작가가 알려줄 것이다. 또 여러 작가들의 생각을 읽으며 내 안에 작은 생각들이 떠오를 것이다. 그 작은 생각들은 내 성공을 위한 블록이 되어줄 것이다. 이렇게 조금씩 책을 읽으며 내 안에 블록을 만들고, 작가의 생각을 설명서 삼아 블록을 쌓아가다 보면 당신은 어느새 성공에 다다를 것이다.

하지만 무엇보다 먼저 필요한 것은 당신의 꿈을 찾는 일이다. 당신이 바라는 성공의 모습이 있어야 블록을 찾고 설명서를 찾을 수 있을 것이기 때문이다. 그리고 책은 당신의 꿈을 찾는 데에도 큰 도움이 될 것이다. 책을 읽으며 다른 성공한 사람들의 모습을 보고 내 꿈을 그리기도 하고, 또 내 꿈을 이룬 사람들의 책을 읽으며 그들이 거친 과정을 벤치마킹할 수 있을 것이다. 책은 꿈을 찾는 것부터 이루는 것까지 모든 과정을 같이할 수 있는 최고의 멘토이자 동반자이다. 하지만 책은 그저 읽기만 해서는 멘토가 되어줄 수 없다. 책을 읽고 성장하려면 반드시 생각과 깨달음을 책에 적으며 읽어라. 당신의 성공을 응원한다.

08 『나는 자기계발서를 읽고 벤츠를 샀다』, 최성락, 아템포

"내가 벤츠를 살 수 있었던 이유는 서울대를 나왔기 때문이 아니다. 그러면 어떻게 해서 벤츠를 살 수 있었을까? 그 답은 자기계발서였다."

'부자의 차'라고 하면 어떤 차가 떠오르는가? 나에게는 벤츠이다. 세련되면서도 고급스러운 엠블럼과 그 성능, 인지도는 부자의 차라고 부르기에 손색이 없다. 그리고 그 이미지 때문에 이 책을 읽기 시작했다.

자기계발서를 즐겨 읽던 나였기에 이 책은 더욱 의미가 깊었다. 저자는 서울대를 졸업한 분이다. 사회에서 인정받는 엘리트 코스를 밟으며 엘리트 교육을 받았다. 하지만 같은 코스를 밟은 이들 중에 부자가 없더라는 것이다. 정규 교육은 필요하지만 부자가 되는 데는 교육보다 자기계발서가 효과적이더라는 것이다. 나 역시 이에 동의한다. 나도 사회에서 인정하는 엘리트 코스를 밟아왔다. 외국

어고등학교를 졸업해 인 서울 대학교를 졸업하고 삼성전자라는 대기업에서 근무하고 있다. 하지만 이 코스를 밟았다고 해도 벤츠를 사기는 쉽지 않다. 누군가는 '삼성전자에 다니는 사람이 엄살이 심하다'고 할 수 있겠다. 하지만 사실이다. 벤츠를 산다고 해도 가정을 꾸리며 유지하기는 쉽지 않다. 사회가 인정하는 코스가 꼭 부자가 될 수 있는 유일한 길은 아닌 것이다.

나는 오히려 사회가 인정하는 엘리트 코스가 아닌, 스스로를 계발하는 자기계발서가 성공과 부를 향한 올바른 길이라고 말하고 싶다. 사회의 인정을 받는 일이 꼭 성공의 올바른 길이라고는 할 수 없다. 대학교를 졸업하지 않은 부자들도 많고 대학교를 졸업했지만 부자가 아닌 사람들도 많다. 부가 꼭 성공의 척도는 아니겠지만 말이다.

이 책을 읽고 있는 당신의 생각도 바뀌기를 바란다. 주위를 둘러보면 알게 될 것이다. 서울의 유명 대학을 졸업한 부자들이 많은가? 아니면 그렇지 않은 사람이 많은가? 유명 대학을 가는 것이 성공의 길이라면, 왜 그들 중에 부자가 많지 않을까? 독서를 통한 자기계발이 진짜 성공의 길이다.

PART 5

이제부터

삶을

성장시키는

독서를

하라

CHAPTER 01

독서만 한 자기계발이 없다

책은 나를 빨아들이고 마음의 먹구름을 지워준다. – 미셸 드 몽테뉴

자격증은 진정한 자기계발이 아니다

직장인의 50%는 자기계발을 한다고 한다. 그리고 우리는 학창시절부터 공부를 해왔다. 더 오래 전인 유치원 때부터도 공부를 해왔다. 그리고 더 어릴 적엔 걸음마를 배우고 신발 신는 법을 배웠다. 생각해보면 우리는 계속 자기계발을 해온 셈이다.

자기계발이라고 하면 보통 성인이 되어서 하는 자격증 공부 등을 생각한다. 내 자신의 커리어에 도움이 되기 위해, 혹은 더 나은 직장에 취직하기 위해 자기계발을 하는 것이다. 취직 요건에 토익 점수가 있기 때문에 토익을 공부한다. 이직하는 데 유리하다고 해서 자격증을 취득한다. 내가 가고 싶은 기업에서 이 자격증에 가산점을 준다고 해서 자격증을 공부한다. 내 자신을 위한 자기계발이 아니라 취직이나 시험을 잘 보기 위한 자기계발을 하고 있는 것이다. 토익 성적이 990점 만점인 사람이 영어 실력이 좋은 경우는 많이 보지 못했다. 그저 토익 시험을 잘 보는, 토익 시험을 치르는 능력이 뛰어난 사람인 것이다. 이 글을 읽고 뜨끔했다면 당신도 생각을 다시 할 필요가 있다.

자기계발은 말 그대로 자기를 계발하는 것이다. 하지만 토익 시험을 잘 치는 능력이 당신이 진정 원하던 자기계발인가? 토익 시험을 잘 보는 것이 당신의 능력을 계발하는 것인가? 토익 시험은 원래 영어 능력을 평가하기 위한 시험이다. 예전에 내 고등학교 동창 중에 영국에서 9년을 살다 온 친구가 한 명 있었다. 그 친구는 꿈을 영어로 꾸는 말 그대로 원어민이었다. 그 친구는 한국말보다 영어가 편한 친구였다. 오히려 영어 표현에 맞는 한국어 표현을 물어보던 친구였다.

모의고사를 보고 외국어 영역에서 문제 풀이가 이해되지 않을 때면 나는 그 친구에게 물어보곤 했다. 그럼 그 친구는 정답을 잘 골라주었는데, 그 설명은 해답지와 달랐다. 해답지처럼 '문법이 어떠해서 그것이 정답이다'가 아닌, '그게 제일 자연스럽잖아.' 혹은 '그걸 넣으면 어색하잖아.'와 같이 대답해주었다. 그렇다. 원어민이기 때문에 영어가 시험을 위한 것이

안라 실제로 사용하는 언어였던 것이다. 하지만 우리는 영어를 공부한다며 문법만 잔뜩 외우곤 한다. 품사를 외우고 숙어를 외워서 그 사이에 어떤 품사가 와야 하는지를 생각해서 문제를 푼다. 하지만 우리가 한국어를 할 때 문법을 생각하고 말하는가?

우리가 친구와 말할 때 문장 하나하나를 문법에 맞춰 생각하고 대화를 한다면 매우 피곤했을 것이다. "나'가 주어이고, 받침이 없으니까 그 뒤에는 '는'을 써야지.'와 같이 생각하며 한 문장 한 문장을 이야기한다고 상상해보라. 또 서로가 그렇게 이야기하며 대화한다고 생각해보라. 그 대화는 더 이상 살아 있는 대화가 되지 못할 것이다. 그저 문제 풀듯이 하나하나 문법에 맞춘 표현으로 구성하여 주고받을 뿐이다. 때문에 토익 시험 점수를 잘 받고 그저 이력서에 한 줄 넣기 위한 자격증 공부는 진짜 자기계발이라고 할 수 없다. 자기가 계발되어야 자기계발인데, 그렇게 해서 자기가 계발되는 것은 시험을 잘 보는 능력뿐이다. 시험을 잘 보는 능력으로 시험을 보는 것 말고 무엇을 할 것인가?

좀 과장해서 말하면 오히려 어렸을 적 걸음마를 배웠던 것, 젓가락질을 배웠던 것이 더 실용적인 자기계발일 것이다. 그 덕분에 우리는 잘 걸을 수 있고 젓가락질을 잘할 수 있기 때문이다. 진짜 나에게 도움이 되는 자기계발이기 때문이다. 하지만 당신은 어떤가? 토익시험을 공부하며 자기계발을 한다며 뿌듯해하고 있지는 않은가? 물론 취업을 하기 위해서는 토익 점수가 필요하다. 그렇기 때문에 토익 공부를 하는 것은 꼭 필요한 활동이다. 하지만 진짜 영어를 공부하는 그런 자기계발이 본인에게 더 도움이 되는 진짜 자기계발일 것이다. 그리고 진짜 내 실력을 키워주는 가장 쉬운 자기계발은 바로 '독서'이다.

독서를 통해 성장하는 것이 진짜 자기계발이다

우리는 보통 좋은 대학에 가기 위해, 좋은 직장에 취업하기 위해 공부를 하고 자기계발을 한다. 그 공부는 곧 좋은 대학에 가기 위한 공부이고, 좋은 직장에 취업하기 위한 공부이고 자기계발이다. 다른 실용적인 목적을 위해서가 아닌 그저 시험을 위한 공부인 것이다. 수능을 위해 영어를 공부하는 학생은 많다. 하지만 영어를 배우고 싶어서 영어공부를 하는 학생은 많지 않다. 그것도 고등학교 3학년이라면 더더욱 말이다. 고등학교 3학년이 되면 우리의 모든 관심은 수능으로 쏠린다. 수능이 곧 내 미래를 결정한다는 생각 때문이다. 수능을 잘 봐서 좋은 대학에 들어가야 성공할 수 있다고 믿는다. 학교와 사회가 우리에게 그렇게 알려주었기 때문이다. 하지만 정말 수능을 잘 봐서 좋은 대학에 가면 성공할 수 있을까?

나도 그렇게 믿었고, 그렇게 공부를 해왔다. 대학교를 입학할 때에는 좋은 대학에 간 친구가 그렇게 부러웠다. 소위 SKY라고 하는 대학교에 간 친구들이 부러웠다. 하지만 지금 와서 보면 꼭 좋은 대학교에 갔다고 해서 성공하는 것은 아니었다. 그리고 안 좋은 학교에 갔다고 해서 실패하는 것도 아니었다. 수능이 전부가 아니었던 것이다. 그리고 좋은 대학을 나와서 대기업에 취직한다고 해도 그것이 끝은 아니다. 우리는 대기업에 취직해서도 계속해서 자기계발을 통해 성장해야 한다. 그리고 그 자기계발은 독서가 되어야 한다. 강의를 듣는 것도 좋지만, 독서만큼 쉽게 할 수 있는 자기계발은 없다.

독서의 가장 큰 장점은 시간과 장소에 구애받지 않는다는 것이다. 어디서든 책만 있으면 된다. 책을 읽으며 자기계발을 할 수 있는 것이다. 나는 출근버스를 타고 회사에 출근한다. 내가 타는 곳이 시발점이라 처음엔 불을 켜고 출발한다. 하지만 마지막 정류장을 지나고 나면 버스의 실내등이 꺼진다. 그러고 나면 어두워져 다른 일을 하기가 어렵다. 하지만 버스에는 '독서등'이라는 게 있다. 나는 차에 타면 기사님께 독서등을 켜달라고 부탁드린 다음 출근 시간 독서를 시작한다. 어두워서 못 읽는다면? 나처럼 방법을 찾으면 된다. 정 안 되면 형설지공의 마음으로 핸드폰 불빛으로도 읽을 수 있다. 그 장소가 영화관이라면 문제가 되겠지만 말이다.

또 독서가 최고의 자기계발인 이유가 있다. 바로 숙고의 시간을 가질 수 있다는 것이다. 책을 읽는 것은 온전히 나만의 활동이다. 어느 누구도 내가 책 읽는 속도나 방법에 대해 왈가왈부하지 않는다. 오롯이 나만의 시간이고 나에 의한 활동인 것이다. 어떤 가르침이든 스승의 가르침을 한 번에 온전히 받아들이기는 쉽지 않다. 몇 년간 같이한 수제자에게도 어려운 일이다. 그럼 그 가르침을 온전히 내 것으로 만드는 데에는 시간이 필요하다. 독서는 나에게 맘 편히 그 시간을 갖도록 해준다. 책을 읽다 잠깐 멈춰서 방금 나온 내용에 대해 생각해보는 것이다.

조곤조곤 내 안에 그 내용을 담아두고 온전히 소화시킨다. 그 책 내용은 처음에는 작가의 것이었다가 조금씩 나의 것이 된다. 그렇게 깨달은 내 생각을 그 책에 적어둔다. 그렇게 함으로써 그 책은 작가만의 것이 아니라 작가와 나의 공동저서가 되는 것이다. 작가의 경험과 깨달음이 나에게로 와서 나의 깨달음이 되고, 그 깨달음이 그 책에 적히는 순간 그 책은 이제 나만이 가진 특별한 책이 된다. 그리고 이런 숙고의 과정을 거치고 깨달음을 적을 수 있는 것은 책뿐이다. 강의를 듣는 중에는 내가 깨달음을 그 순간 숙고할 수 없다. 강연자는 강연을 속행하기 때문이다. 그래서 '적어뒀다가 나중에 생각해봐야지.'라고 생각하지만, 시간이 지나고 나면 그 당시의 감정과 생각은 반 이상은 날아가버린다. 그렇기 때문에 깨달음은 생각이 떠올랐을 때 숙고하고 정리하여 적어두는 게 가장 좋다. 그리고 이렇게 할 수 있는 것은 독서뿐이다.

진짜 자기계발은 토익 점수나 자격증이 아니라 독서를 통한 성장이다. 독서를 하며 의식이 성장되고 내 삶을 변화시키는 것이 진정한 자기계발인 것이다. 지금까지 취업을 위한, 시험을 위한 자기계발을 해왔다면 이제부터라도 독서를 통해 진짜 자기계발을 해보자. 도움이 필요하다면 책날개에 적힌 내 연락처로 연락하면 도움을 주겠다. 다시 말하지만 독서만한 자기계발은 없다.

09 『당신의 소중한 꿈을 이루는 보물지도』, 모치즈키 도시타카, 나라원

"보물지도의 역할을 간단하게 표현한다면, 당신의 마음속에 있는 흐릿한 소망을 당신 눈 앞에 '명확한 이미지'로 나타내는 것입니다. 그 결과, 뇌는 자연스럽게 당신의 소망을 이미지로 반복해서 그리게 되고 스스로 행동할 수밖에 없게 만듭니다."

하루는 회사에서 물을 마시는데, 정수기 위의 책장에 눈이 갔다. 그리고 그곳에서 이 책을 발견했다. 자기계발서를 꽤 읽었던 나였기에 '비전보드, R=VD, 끌어당김의 법칙' 등에 이미 익숙해져 있었지만 이 책은 조금 달랐다.

전에 읽었던 많은 책들에서도 비전보드에 대한 이야기가 나왔지만, 왠지 실천에 잘 옮겨지지 않았다. 납득이 잘되지 않고 방법이 잘 떠오르지 않아서였다. 하지

만 이 책은 읽자마자 나를 실천하게 만들었다. 어쩌면 그동안 읽은 자기계발서로 성장한 내 의식 덕분이었으리라.

이 책을 읽은 뒤 나는 그동안 내가 원했던 것들의 사진을 모으기 시작했다. 책을 쓰는 것도 그중의 하나였다. A4 용지로는 눈에 잘 보이지 않아 주변 인쇄소에 들러 고급 A3 용지에 선명한 칼라 프린트를 했다. 그리고 깔끔한 A3용 액자를 사서 내 방 책상 정면에 걸어두었다. 그리고 지금 당신이 보고 있는 이 책이 그 결과물이다. 보물지도를 만들지 않았더라면 내가 책을 쓸 수 있었을지 의문이다. 보물지도를 만들고 그것이 이루어진 것을 경험한 뒤부터 나는 끌어당김의 법칙을 더욱 믿게 되었다.

보물지도, 비전보드는 내 꿈과 비전을 이루는 가장 쉽고도 확실한 방법이다. 당신도 꿈이 있다면, 나와 같이 보물지도를 만들어보는 건 어떨까?

CHAPTER 02

독서로 삶을 업그레이드하라

얼굴이 잘생기고 못생긴 것은 운명 탓이나,

독서나 독서의 힘은 노력으로 갖출 수 있다. – 윌리엄 셰익스피어

거인의 어깨에 올라타라

우리는 시간이 지나면 자연스레 나이를 먹는다. 그리고 우리의 몸은 시간이 흐르면 가만히 있어도 성장한다. 어렸을 때엔 1m도 안되었던 내 키가, 나이를 먹으며 쑥쑥 자라난다. 다른 것 없이 시간이 흐르는 동안 살아만 있어도 내 몸은 성장한다. 하지만 내면은 그렇지 않다. 겉모습이 성장했다고 해도 내면이 성장하지 않은 사람들이 많다. 내면의 성장은 시간이 해결해주지 않는 것이다. 친구들과 우스갯소리로 이런 말을 했다.

'철들 놈은 군대에 가지 않아도 철들고, 철들지 않을 놈은 군대에 가도 철들지 않는다.'

대한민국 남자라면 누구나 군대를 가야한다. 그리고 군대에 다녀오면 남자로 인정받는다. 군대에서 그만큼 더 성숙해졌다는 기대감 때문이다. 보통 군대에 가게 되면 부모님 생각이 나고 부모님이 고생하신 모습들이 눈에 그려진다. 그리고 살아온 내 인생을 다시 돌아보게 되고, 사람들과 잘 지내는 방법에 대해서도 배우게 된다. 그러면서 남을 배려하는 마음이 생기고 내 안의 그릇이 커진다. 하지만 모두에게 해당되는 것은 아니다. 어떤 사람은 그 힘든 군대 생활 속에서도 별다른 성장 없이 제대한다. 시간의 흐름이 곧 내면의 성장을 의미하지는 않는 것이다.

그렇다면 성장을 위해서는 어떤 노력이 필요할까? 시간이 해결해주지 않는다면 어떻게 해야 내 내면을 성장시키고 삶을 성장시킬 수 있을까? 정답은 바로 독서이다. 독서에는 작가의 경험과 노하우, 그리고 지혜가 담겨 있다. 우리는 그 책을 읽으며 작가가 겪고 공부한 것들의 위에서 시작하는 것이다. '거인의 어깨에 올라타라'라는 말이 괜히 나온 것이 아니다. 한 권 한 권이 전부 거인의 어깨인 것이다. 책을 제대로 읽으면 이 어깨에 타서 더 빠르게 성장할 수 있는 것이다. 하지만 책을 제대로 읽는 것이 왜 거인의 어깨에 올라타는 것인지에 대해 의구심을 갖는 사람들이 있을 것이다.

요즘 출판업계가 힘들다는 말이 많다. 사람들이 책을 잘 읽지 않기 때문이다. 하지만 그럼에도 하루에 수십 권의 책이 새로 출간되곤 한다. 이처럼 책이 잘 팔리지 않음에도 수많은 책이 나오게 된 데에는 인쇄술의 발달이 큰 몫을 했다. 책이 나오기 위해서는 종이에 책을 인쇄할 수 있어야 한다. 그리고 예전에는 인쇄하는 비용이 많이 들고 시간이 오래 걸려 책을 많이 출판할 수 없었다. 하지만 지금은 인쇄술의 발달로 인쇄비용도 적고 시간도 적게 걸린다. 그러다 보니 책을 많이 출판할 수 있는 것이다. 그렇다면 인쇄술이 이렇게 발달하게 된 이유가 무엇일까? 바로 책과 신문과 같은 인쇄물을 팔아야 했기 때문이다. 인쇄물에 대한 수요가 많이 있으니 더 많은 인쇄물을 빠르고 저렴하게 찍기 위해서 인쇄술이 발달한 것이다. 수요가 없었다면 인쇄술은 발달하지 않았을 것이다. 그중에서도 책이 그 안에서 차지하는 비중은 매우 크다. 인쇄물들 중에 역사가 가장 오래된 매체이기 때문이다.

인간은 오래전부터 기록을 시작했다. 동굴 안의 벽화부터 시작하여 대나무에 적어 엮은 책들 역시 기록물이라고 볼 수 있다. 기록은 어떤 사실이나 생각 등을 남기기 위해 하는 것이다. 벽화는 그 당시 시대상을 남기기 위함이다. 대나무에 적어 엮은 책 역시 마찬가지이다. 과거에는 당연히 녹음을 하거나 녹화할 수 있는 방법이 없었다. 그러다 보니 지혜로운 사람의 생각이나 말씀을 기록할 수 있는 방법이 글로 적는 것뿐이었다. 사람은 곧 죽기 때문에 그 지혜는 기록하거나 배워두지 않으면 곧 사라지기 때문이다. 그래서 공자의 말씀을 엮은 논어와 같은 책들이 남아 있게 된 것이다. 그리고 후대의 제자들은 운이 좋게도 옛 성현들의 말씀을 책으로 접할 수 있게 되었다.

옛 성현들의 수준 높은 가르침을 접한다는 것은 그만큼 더 빠르게 의식이 성장할 수 있는 기회였다. 아무 가르침 없이 맨땅에 헤딩하듯 살아가면서 겪어내고 거기에서 깨달음을 얻어서 살아가는 것보다 훨씬 빠른 길이었다. 게다가 성현의 말씀이니 올바른 길로 안내해줄 것이었다. 혼자 무작정 살아가다가는 그 성현의 말씀만큼의 깨달음을 얻지 못할 수도 있다. 하지만 책이라는 매체에 성현의 말씀이 적혀 전달되니 그 책을 읽으며 공부하게 되면 성현의 깨달음과 지혜를 알 수 있게 되는 것이다. 그렇기 때문에 책이 생기고 유지되어온 것이다.

거인의 지혜가 담긴 책을 읽자

그렇게 생긴 책은 후대를 거쳐 지금까지 내려오고 있다. 공자의 말씀을 엮은 논어나 성경, 탈무드 같은 것들이 그런 책이다. 또 매일 새로운 책들이 쏟아져 나오고 있다. 이 책들에는 지금 이 시대를 살아가거나 우리보다 먼저 살아간 선배들의 생각과 이야기가 담겨 있다. 작가들은 본인들의 생각과 이야기를 더 많은 사람들에게 전하고자 책을 쓴다. 많은 사람들이 본인의 이야기를 읽고 도움을 받기를 원하는 것이다.

그중에는 종종 오직 돈을 벌기 위해서만 쓴 책들이 있다. 오직 돈을 위해서만 쓴 책은 오래가지 못한다. 내용의 질이 떨어지기 때문이다. 하지만 그런 책들은 출판이 어려운 게 사실이다. 내용이 좋지 않으면 출판사에서 출판하지 않으려 하기 때문이다. 좋지 않은 곡을 작곡한 작곡가가 아무리 많은 곳을 찾아간다 하더라도, 그 곡을 내줄 음반사는 많지 않을 것이다. 그 곡에 들어갈 시간과 비용, 노력이 아깝기 때문이다. 출판사도 마찬가지이다. 그래서 출판이 되었다면 어느 정도 내용의 질은 보장되었다고 봐야한다.

작가는 더 좋은 질의 책을 쓰기 위해 더 많이 고민하고 더 많이 공부해서 책을 쓴다. 책에는 그런 작가의 고민과 생각의 결정체가 담기는 것이다. 작가 역시 다른 책과 경험에서 배운 내용을 한 번 더 정제해서 책을 쓰기 때문에 책에는 이전보다 발전된 내용이 담기게 된다. 거기에 작가의 생각이 덧붙여지기 때문이다. 이것이 생각과 깨달음을 적으며 책을 읽어야 하는 이유이다. 작가의 생각에 내 생각과 깨달음이 더해지면 그것이 곧 새로운 책 한 권이 되기 때문이다. 그리고 그렇게 책을 한 권 한 권 읽다 보면 작가의 어깨에 올라타서 작가의 의식 수준으로 세상을 볼 수 있게 되는 것이다.

사회생활을 하다 보면 진짜 고수는 핵심을 보거나 더 넓은 시야로 볼 수 있는 사람들 같다. 고수는 같은 문제를 보고도 다른 시야로 문제를 바라보고 문제의 핵심을 찾아 빠르게 해결할 수 있는 사람들이다. 그리고 내가 이런 분들과 같은 수준의 시야와 의식 수준을 갖게 될 수 있기를 바라곤 한다. 하지만 보통 이런 고수들의 경우 오랜 시간의 경험과 노하우를 갖고 있기에 단기간에 따라잡기가 쉽지 않다. 하지만 고수들을 따라잡아 성장을 빠르게 할 수 있게 도와주는 수단이 있다. 바로 책이다. 그 분야의 고수가 쓴 책을 읽어보면 고수들의 생각이 보이고, 그 수준으로 생각할 수 있게 노력한다면 나는 더 빠르게 성장할 수 있을 것이다.

나는 전에 바둑 고수 이창훈의 스승으로 유명한 조훈현 9단의 『고수의 생각법』이란 책을 읽은 적이 있다. 바둑에 관심은 크게 없었지만, 『고수의 생각법』이란 제목이 마음에 들어서 읽기 시작했다. 고수처럼 생각하고 싶었기 때문이다. 조훈현 9단이 쓴 책답게 책에는 바둑에 관한 내용이 많이 있었다. 그리고 조훈현 9단의 바둑을 배웠던 성장 과정이 담긴 내용도 있었다. 나는 바둑에 별 관심이 없었지만, 조훈현 9단의 성장 과정을 통해서도 많은 것을 배울 수 있었다. 조훈현 9단이 일본으로 바둑 유학을 가서 세고에 겐사쿠 선생님의 집에 묵으면서 바둑을 배우던 시절의 이야기, 그리고 그의 생각에서 많은 영감을 얻을 수 있었다.

바둑에 관심이 없었지만 바둑 고수의 생각과 경험에서 나는 많은 영감을 얻을 수 있었다. 고수의 의식수준에 도달하면 모든 것은 결국은 다 통하게 되어 있다고 한다. 어떤 분야든 고수의 생각을 읽을 수 있다는 것은 성장을 위한 가장 빠른 길이다. 요리의 고수든, 바둑의 고수든 고수들은 자신만의 철학을 갖고 있다. 그리고 고수의 생각과 의식을 갖고 있다. 독서는 그 고수들의 생각과 의식 수준을 따라갈 수 있는 좋은 방법이다. 이제 독서를 통해 삶을 업그레이드하자.

CHAPTER 03

독서가 내 미래를 만든다

책을 읽는 것은 자신의 미래를 만드는 것과 같다. – 랄프 왈도 에머슨

자격증이 아니라 중국어를 공부하다

우리는 현재에 살고 있고 현재는 계속 흘러간다. 지금 살고 있는 현재의 이 순간은 곧 과거가 되어버리고, 1초 뒤의 미래는 곧 현재가 된다. 시간은 내가 빨리 달리든 늦게 달리든, 어떤 행동을 하든 관계없이 무조건 흐른다. 시간을 붙잡을 수 있는 방법은 없다. 시간은 어느 누구에게도 멈추지 않는다. 우리는 현재를 살고 있지만 곧 미래가 되는 것이다. 시간은 계속 흐르고 우리는 그 흐르는 시간 속에 살고 있기 때문이다. 하지만 우리는 미래에 어떤 일이 벌어질지 알 수 없다. 신이 아닌 이상 바로 뒤에 어떤 일이 벌어질지 알 수 없다. 내가 계획했던 일이 어그러질 수도 있고, 혹은 생각했던 것보다 훨씬 더 잘될 수도 있다. 미래를 예측할 수 없는 만큼 우

리는 우리가 할 수 있는 일을 해야 한다. 신은 스스로 돕는 자를 돕기 때문이다.

우리는 때로 시험을 치른다. 외국어 자격시험, 취직을 위한 인적성검사 등 종류도 다양하다. 그리고 우리는 시험을 위한 준비를 지금부터 시작한다. 이론도 공부하고 모의고사도 풀어보며 더 좋은 결과를 만들기 위해 노력한다. 원하는 미래를 만들기 위해 노력하는 것이다. 좋은 시험 성적이라는, 그리고 더 나아가 내 실력을 높이고 성장하기 위해 노력하는 것이다. 내 미래를 위해 투자하는 것이다. 내 미래를 위한 투자이기에 더욱 열심히 열정적으로 시험을 준비하는 것이다.

나는 약 3년 전, 회사에서 운영하는 중국어 교육에 입과하게 되었다. 그 교육은 중국 주재원으로 출장을 가기 위해 필요한 TSC라는 중국어 자격시험을 준비하는 시험이었다. 나는 외고 출신이었기 때문에 상사분이 좋게 봐주셔서 그 교육을 들을 수 있었다. 아직도 감사하게 생각하고 있다. 나는 외고 시절 일본어와 영어를 위주로 공부했기 때문에 중국어는 완전 초보와 다름없었다. 중국어의 기본이라고 하는 성조도 전혀 몰랐고, 발음도 마찬가지였다. 우리나라 말로 치면 가나다도 모르는 수준이었던 것이다. 교육은 총 10주 과정으로 그 안에 TSC 3급을 취득해야 했다. 중국어의 'ㅈ'도 모르던 내가 10주 만에 TSC 3급을 취득하기란 쉬운 일이 아니었다.

하지만 상사 분이 만들어준 좋은 기회를, 그리고 중국어를 제대로 배워 볼 수 있는 좋은 기회를 놓칠 수 없었다. 그리고 고등학교 때 잠깐 배웠던 중국어에서 재미를 느꼈고, 평소에도 중국어에 관심이 있어 한 번쯤 배워 보고 싶었다. 바쁘다는 핑계로 배우지 않고 있었는데 이번에 기회가 닿은 것이다. 그래서 내 안의 TSC에 대한 열정은 활활 불타올랐다.

수업을 진행해주시는 선생님의 믿음직한 실력도 내 열정에 한몫했다. 너무나 잘 가르쳐주셨고, 내 학습 스타일과도 맞았기에 나는 힘들지만 재미있게 배울 수 있었다. 수업은 하루 4시간씩 진행되었다. 오전에는 중국어 수업을 듣고 오후에는 업무를 하는 식이었다. 듣기에는 쉬워 보일지 모르겠다. 하지만 당시의 나는 잠을 3~4시간씩 자며 중국어 공부를 했다. 업무와 병행하며 공부해야 했기 때문이다. 오전 4시간의 수업만으로는 중국어 실력을 올리기가 어려웠고, 선생님은 과제를 꽤 많이 내주셨다. 단기간에 중국어 실력을 올리기 위해서는 과제가 필수이기 때문이다. 토익 학원에서 단기간 성적 향상 수업을 들어도 마찬가지다. 수업은 수업이고 과제는 과제이다. 거기다 스터디까지 하면 금상첨화겠지만 나와 같이 수업을 듣는 분들도 모두 업무와 병행해야 했기에 현실적으로 힘들었다. 하지만 1년 365권 읽기 때 마음먹으면 할 수 있다는 것을 깨달은 나는 어떻게든 방법을 찾았다.

퇴근을 하고 집에 복귀해서는 과제를 하며 예습과 복습을 했다. 그렇게 공부하기를 6주차 즈음 되었을 때부터 나는 시험을 쳤던 것 같다. TSC는 말하기 시험이기 때문에 외워서 볼 수 있는 것은 가장 첫 번째 파트인 자기소개뿐이었다. 그 외의 다른 파트들은 더 배워야만 칠 수 있었지만 나는 선생님의 말씀에 따라 우선 시험을 치기 시작했다.

TSC는 1~2주일 안에 성적이 나왔고 나는 만약을 대비해 매주 시험을 쳤다. 단어 음원 파일 외에 연습 문제 음원파일도 들으며 소리 내지 않고 입모양으로 열심히 따라했다. 발음과 성조 그리고 어조까지 같이 따라하려 했다. 수능 준비를 할 때 이후로 가장 열심히 준비한 것 같다. 나는 TSC라는 시험 준비를 위해 공부하고 있었지만 TSC 시험만을 위한 것이 아닌 내 미래를 위해 공부한다고 생각했다. 내 중국어 실력을 높이기 위한 공부로 생각하고 노력한 것이다. 중국에 여행을 가서 조금이나마 중국어로 대화하는 모습을 꿈꾸며 공부했다. 중국어를 짧은 시간동안 제대로 공부할 수 있는 기회라고 여겼기 때문이다. 그리고 나는 결국 TSC 3급 자격을 취득했다. 6주차 때부터 봤던 모든 시험에서 3급을 취득했다. 열심히 내 미래를 위해 준비한 결과였다.

진짜 실력을 키우는 방법, 독서

나는 TSC 3급이라는 목표, 그리고 중국어로 대화하고 싶다는 목적을 위해 열심히 노력했다. 그 결과 목표를 성취 할 수 있었다. 또 중국어로 아주 간단한 대화 정도는 할 수 있는 실력이 되었다. 중국어 실력이라는 내 미래를 노력으로 만들어낸 것이다. 시험이 내 미래의 목표라면 시중에 나와 있는 시험 준비를 위한 문제집으로 공부하면 된다. 혹은 학원을 다니거나 과외를 받아도 된다. 시험이라는 정형화된 틀이 있고 많은 사람들이 바라는 목표이기에 이를 준비하기 위한 방법도 어느 정도 정형화되어 있는 것이다.

하지만 우리의 인생은 시험이 아니다. 정답도 없고 정해진 방법도 없다. 목표를 이루기 위해서는 준비를 해야 하지만, 어떤 것을 준비해야 할지 정해진 방법이 없는 것이다. 각자의 목표가 그 목표는 정형화되어 있지 않기 때문이다. 모두가 다른 미래를 원하고 다른 목표를 원하기에 그 방법 또한 한 가지가 될 수 없는 것이다. 시험이라는 수단의 경우는 모두가 같은 날에 같은 문제로 시험을 보기 때문에 준비해야 할 것이 확실하지만 인생은 시험이 아니기 때문이다.

우리의 미래를 위해, 원하는 목표를 위해 준비해야 하는 것은 분명하다. 준비하지 않고 가만히 앉아서 기다리기만 해서는 그 미래를 만들 수 없기 때문이다. 그리고 독서는 그 목표를 위한 가장 확실한 준비 방법이다. 독서라는 수단을 통해 내 미래를 더욱 확실히 그릴 수 있게 되고, 무엇을 준비해야 할지에 대한 영감을 얻어 실천하는 것이다. 책에는 장르도 없고 시간도 없다. 200년 전 역사 속 인물에게 답을 들을 수도 있고 어떤 목표든 그와 관련된 책을 읽으며 꿈꿀 수 있다.

세상에는 정말 많은 종류의 직업이 있고 그와 관련된 책이 있다. 당신은 정리 전문 컨설턴트라는 직업이 있는 것을 아는가? 정리하는 데 무슨 전문 컨설턴트냐고 할 수 있지만 실제로 존재하는 직업이다. 바로 정리 컨설턴트 윤선현 님이다. 내가 윤선현 님을 알게 된 것은 사내 자기계발 동호회에서였다. 친한 형이 그 동호회 회장직을 맡고 있었고 마침 그날 윤선현 님의 작가 강연회가 있었다. 나는 정리라는 것을 직업으로 삼을 수 있다는 것에 큰 충격을 받았다. 거기다 전문 컨설턴트 비용도 상당했다. 내가 그 분을 만나기 전까지는 정리를 직업으로 생각해서 전문가로서 경제활동을 할 수 있을 것이라 상상했겠는가?

다양한 분야의 전문가들이 정말 다양한 분야의 책을 쓰고 있다. 장르도 점점 다양해지고 있다. SNS 시인으로 활동하며 시집을 낸 하상욱 시인도 그중 하나이다. 여러 분야의 고수들이 여러 장르의 책을 쓰는 것은 우리에게 좋은 소식이다. 각자의 꿈만큼 정말 다양한 분야의 전문가와 책을 읽고 배울 수 있기 때문이다. 꿈이 있다면 그 분야의 고수가 쓴 책을 찾아 읽자. 책을 읽으며 당신의 꿈에 한 걸음 다가갈 수 있을 것이다. 지금부터 독서로 내 미래를 만들자. 당신이 지금 하는 독서가 당신의 미래를 만든다.

CHAPTER 04

독서로 다시 시작하라

내가 알고 싶은 것은 모두 책에 있다.
내가 읽지 않은 책을 찾아주는 사람이 바로 나의 가장 좋은 친구이다. – 링컨

책 속에서 고수의 생각을 읽다

성공한 사람들을 보면 엄청난 역경을 딛고 일어난 인물들이 많다. 한국 대표 의류 브랜드 이랜드의 회장 박성수 회장은 대학생 시절 근무력증이라는 병을 얻어 3년을 병원에서 지냈다. 근무력증은 온몸의 근육에 힘이 안 들어가는 질병으로 어떤 날에는 눈 이외의 신체 다른 부위를 사용할 수 없었다. 한창 혈기왕성하고 꿈 많을 대학생 시절에 아무것도 못하고 누워 있는 것만으로도 이미 충분히 절망적이었을 것이다. 하지만 박성수 회장은 절망하지 않고 책을 읽기 시작한다. 그리고 3년의 입원 기간에 약 3,000권의 책을 읽는다. 그리고 이대 앞 잉글랜드라는 작은 옷가게를 시작으로 지금의 이랜드로 일궈낸 것이다. 박성수 회장은 독서에서 무엇을

봤기에 근무력증이라는 절망적인 질병 속에서 목표를 찾았을까?

책은 작가의 의식이 담긴 생각 뭉치이다. 책을 읽는다는 것은 작가의 생각과 의식을 읽는 것이다. 그리고 의식을 읽으며 이입되게 되면 내 의식수준 또한 올라가게 된다. 세상에는 수많은 고수가 있다. 정리의 고수, 경영의 고수, 박스 접기의 고수, 중국요리의 고수 등 분야도 다양하고 나이도 다양하고 시대도 다양하다. 나는 가끔 생활의 달인을 보는데 정말, 달인들의 모습을 보고 있으면 나도 모르게 감탄하게 된다.

'저런 은둔 고수들도 있구나.' 하는 생각과 함께 '고수들은 일반 사람들과 생각이 다르다.'라는 생각을 하게 된다.

고수가 되기 위해서는 인고의 시간을 견뎌야 한다. 처음부터 잘하는 사람이 누가 있겠는가? 천재의 재능을 타고났다고 하더라도 누구에게나 초보시절은 있기 마련이다. 이건 모든 사람에게 똑같이 해당되는 이야기이다. 그리고 고수일수록 오히려 더 큰 시련을 거치고 더 많은 노력을 기울인 사람들이다. 대충해서는 고수가 될 수 없다. 천재의 재능을 타고났다고 노력을 게을리하게 되면, 타고난 천재는 노력하는 천재에게 언젠가 따라잡히고 만다. 뛰는 놈 위에는 항상 나는 놈이 있기 마련이다.

고수들은 어떻게 그 인고의 시간을 꾸준히 노력하며 그 자리에 이르렀을까? 그냥 열심히 해야겠다는 생각만으로 그 자리에 오르기는 쉽지 않을 것이다. 어떤 내적 동기나 생각이 있었기에 그 인고의 시간을 버틸 수 있었을 것이다. 그리고 고수의 자리에 오르고 난 뒤에도 꾸준히 고민하고 노력하여 자신만의 생각과 철학이 완성되었을 것이다. 스시 고수의 집에 가도 고수만의 조리법이나 철학에 따라 스시를 만든다. 그리고 그 때문에 그 장인만의 특색이 묻어난 스시가 나오게 된다. 다른 고수들도 마찬가지이다. 즉 모든 고수에게는 자신만의 철학이나 가치관 등이 있다. 인고의 시간을 견뎌내며 고수의 자리에 올랐고, 그 과정에서 본인의 가치관과 철학이 완성된 것이다.

책을 쓴 사람들은 보통 그 분야의 고수인 경우가 많다. 그 분야의 세계 최고가 쓴 책도 있을 것이고, 대한민국 최고가 쓴 책도 있을 것이다. 하지만 세계 최고가 쓴 책보다 대한민국 최고가 쓴 책이 나에게 더 큰 도움이 될 수도 있다. 세계 최고라고 해서 꼭 나와 맞는 것은 아니기 때문이다. 세계 바리스타 대회 1등이 만든 커피보다 우리 집에 있는 믹스커피가 더 맛있을 수 있다. 세계 1등의 기준과 나의 기준은 다르기 때문이다. 책을 쓴 고수도 세계 1등이 아니라 나에게 맞는 고수의 책을 찾으면 된다.

독서는 나만을 위한 '선두(善豆)'

옛말에 이런 말이 있다.

'삼인행필유아사(三人行必有我師).'

'세 사람이 함께 가면 그중에 반드시 내 스승이 있다'라는 뜻이다. 그 세 사람은 전 세계 1등도 아닐 것이고, 심지어 동네 1등도 아닐 수 있다. 그저 지나가는 행인일 수도 있다. 하지만 세 사람 중에는 반드시 내 스승이 있다고 한다. 어떤 누구에게도 배울 점이 있다는 뜻이다. 주변의 친구들에게도 배울 점이 있다는 이야기인데, 책을 쓴 고수는 어떠할까? 책을 쓰기 위해서는 상당한 노력이 필요하다. 그리고 그 노력에는 작가의 경험과 생각이 농축되어 있다. 독서를 하는 것은 그런 작가의 경험과 생각의 농축액을 마시는 것과 같다. 잘 정제된 보약과도 같은 것이다.

『드레곤볼』이란 만화책에 보면 선두라는 것이 나온다. 이 선두는 죽어가던 사람도 살릴 수 있고, 한 알만 먹어도 배가 부르는 신비의 명약이다. 책 역시 마찬가지이다. 작가의 엑기스를 책 한 권으로 흡수할 수 있는 것이다. 그 엑기스를 마셨기에 이랜드 박성수 회장이 근무력증으로 고통받는 동안에도 잉글랜드라는 옷가게에서의 꿈을 꿀 수 있었던 것이다. 그리고 우리 역시 책으로 같은 경험을 할 수 있다. 독서라는 행위를 통해 작가들의 선두를 먹고 다시금 성장하고 변화할 수 있는 것이다.

나 또한 고등학교 시절 자존감과 대인관계에 대한 고민으로 절망에 빠져 있었다. 절망의 구렁텅이와 고시원에서의 지독한 외로움의 늪에서 허우적거리며 미래를 절망하고 있었다. 나는 안 될 것이라는 생각과 너무 힘들다는 생각만 가득했던 시절이었다. 그 시절의 나는 스스로 친구들과 거리를 두고 고립시켰다. 어느 누구도 나를 이해해주지 못할 것이라고 생각했다. 친구들이 나를 좋아하지 않을 것이라는 생각이 가득했다. 결국은 내가 짊어지고 헤쳐 나가야 할 문제라고 생각했다. 하지만 나에게는 헤쳐 나갈 용기도, 힘도 없다고 생각했다.

그 절망의 구렁텅이에서 나를 구해준 것은 바로 책이었다. 내 자존감에 대한 고민은 친구들과의 관계 문제 때문이었다. 그래서 나는 친구들과의 관계 문제를 해결하기 위해 내 강점이었던 유머에 관한 책을 읽기 시작했다. 그리고 그 책에서 다시금 용기와 자신감을 얻었다. 그렇게 나는 조금씩 절망이라는 늪에서 빠져나올 수 있었다. 유머에 관한 책을 읽으며 선두를 먹게 된 것이다. 그렇게 조금씩 절망의 늪에서 나오기 시작한 나는 대학교 시절, 그리고 그 이후의 꾸준한 독서를 통해 절망의 늪에서 완전히 빠져나오게 되었다. 아직은 종종 발목 정도까지 늪에 빠지곤 하지만, 이제는 늪에 빠져도 훌훌 털고 일어날 수 있는 힘이 생겼다. 모두 독서 덕분이다. 놓지 않고 꾸준히 해온 독서가 나에게 늪을 빠져나올 수 있는 힘을 준 것이다.

이 책을 읽고 있는 당신도 지금 절망의 늪에 빠져있다면, 독서와 함께 다시 시작하라. 독서를 통해 책에 담긴 작가의 생각과 경험, 노하우 등을 읽고 다시금 일어설 용기와 열정을 얻자. 책은 당신을 살릴 수 있는 명약 '선두'이다. 선두는 한 알로 배가 부르고 모든 것이 해결된다. 하지만 책은 그렇지 않을 수 있다. 한 권의 책으로 변할 수도, 아닐 수도 있는 것이다. 하지만 책을 읽지 않으면 당신에게 '선두'는 찾아오지 않는다. 책을 읽으며 하나하나 작은 선두 조각들을 모아가다 보면 어느 순간 당신의 '선두'가 완성되는 순간이 온다. 당신에게 맞춤형으로 제작된 '선두' 말이다. 나 역시 절망의 늪에서 책을 통해 조금씩 걸어 나올 수 있었다. 그리고 당신도 독서를 통해 당신만의 '선두'를 만나기를 바란다. 당신의 독서를 응원한다.

CHAPTER 05

독서는 선택이 아니라 필수다

책 속에 길이 있다. – 속담

시간을 올바르게 투자하는 방법

당신의 오늘 하루는 어떠했는가? 바빴다면 무엇을 하느라 바쁘게 보냈는가? 당신의 오늘 하루 24시간을 어떻게 사용했는가? 우리의 하루는 24시간이다. 누구에게나 똑같이 하루는 24시간이다. 하루가 25시간인 사람은 없다. 25시간인 것처럼 사는 사람이 있을 뿐이다. 25시간처럼 사는 사람들의 특징은 시간을 허투루 쓰지 않는다는 것이다. 그리고 시간을 허투루 쓰지 않는 것은 매 순간 선택을 잘 한다는 것이다. 우리의 시간은 24시간으로 한정되어 있고, 그 시간은 매 순간 흐르고 있다. 그리고 우리는 그 흐르는 시간 속에 살고 있다. 시간은 모두에게 24시간으로 공평하게 주어지지만, 그 시간을 25시간처럼 쓰는 사람은 흔치 않다. 그리고 시간을 25

시간처럼 쓰는 사람들이 성공할 수 있다.

우리는 보통 '투자'라는 단어를 들으면 '돈'을 생각한다. 더 적은 돈을 들여서 더 많은 돈을 벌기 위한 활동을 '투자'라고 하기 때문이다. 그래서인지 '투자'는 '재테크'와 짝지어서 쓰이는 것 같다. 하지만 정작 가장 중요한 투자는 돈이 아니라 '시간'이다. 매일 당연하게 주어지기 때문에 당연하게 쓰이고 있는 '시간'이 가장 중요한 자원인 것이다. 시간은 모두에게 당연한 듯 주어진다. 하지만 모두에게 당연한 듯 흘러간다. 매 순간의 시간은 다시 돌아오지 않는다. 내가 '지금'이라고 쓰고 있는 순간에도 나의 '지금'은 곧 과거가 되어버린다. 그리고 '미래'라고 쓰고 있는 이 순간에 그 미래는 곧 '지금'이 되어 다가온다. 그리고 그 지금은 다시 과거로 바뀌어 지나간다. 시간은 절대로 붙잡을 수 없는 자원인 것이다.

돈은 다시 벌 수 있다. 큰돈을 버는 것은 조금 어려울 수 있지만, 큰돈을 버는 것을 목표로 가지고 있는 한, 큰돈을 버는 것은 가능하다. 그리고 우리는 돈을 벌기 위해 시간을 투자한다. 내 시간을 팔아 돈을 벌곤 한다. 시급이라는 개념의 돈을 받으며 내가 일한 시간만큼의 돈을 번다. 어디에서도 다시 벌 수 없는 소중한 시간이라는 자원을 투자해 돈을 버는 것이다. 하지만 안타깝게도 많은 사람들은 이를 체감하지 못한다. 시간이라는 자원은 아무런 노력 없이 너무나도 쉽고 당연하게 주어지기 때문이다. 내가 살아 있는 한, 하루라는 시간은 나에게 매일 주어진다. 그리고 매일 주어지는 하루라는 소중한 시간을 당연하게 취급해버린다.

2011년 한국에 개봉한 〈인 타임〉이라는 영화가 있다. 이 영화는 미래 세계를 배경으로 한다. 미래 세계에서는 각자에게 주어진 시간이라는 자원이 경제수단의 화폐로 사용된다. 커피는 한잔에 4분, 고급 스포츠카는 한대에 59년이다. 모든 사람은 일을 해서 시간을 번다. 팔에는 남은 인생의 시간이 표시되고 이 시간으로 경제 활동을 한다. 그리고 손목의 시간이 0이 되는 순간 그 사람은 심장마비로 사망하게 된다. 당신의 머릿속으로 이런 세상을 한번 상상해보라. 내 남은 생의 시간이 경제 활동의 수단이 된 현실을. 돈으로 커피를 사 마실 때보다 4분이라는 시간을 투자해서 마실 때 더 큰 고민이 되지 않는가?

우리는 시간이라는 자원으로 커피를 사 마시지는 않지만, 흐르는 시간을 소비 혹은 투자하고 있다. 흐르는 시간 속에 살고 있는 한, 어떤 행동을 하는 데에 시간은 반드시 소비되거나 투자되는 것이다. 그리고 그 시간이 소비인지 투자인지에 따라 우리의 미래가 변할 수 있다.

지금의 독서가 불러올 나비효과

문구 용품 중에는 '각도기'라는 것이 있다. 어떤 두 선 사이의 각도를 잴 수 있는 도구이다. 당신이 지금 넓은 운동장에 있다고 상상해보자. 그 운동장은 직사각형 모양이고, 당신이 아는 그 어떤 운동장보다 커다란 운동장이다. 끝이 보이지 않는다. 당신은 그 운동장의 끝에 서 있다. 그리고 그 운동장의 한쪽 면에는 기다란 직선이 그려져 있다. 그리고 당신은 그 직선에서 15도 각도로 벌어진 직선을 그려야 한다. 당신은 각도기를 사용하여 15도를 재고 직선을 그리기 시작한다. 하지만 실수로 15도가 아닌 16도의 직선을 그렸다. 1도 차이는 직선의 시작점에서는 크게 벌어지지 않기 때문에 당신은 알아차리지 못하고 16도로 벌어진 직선을 계속 그린다. 그러나 직선의 길이가 길어질수록 직선은 원래 그리려고 했던 직선보다 점점 더 벌어지게 되고, 당신은 그제야 1도를 더 넓게 그렸음을 알게 된다.

우리의 인생도 이와 같다. 지금 당장은 당신의 선택이 미래에 큰 영향이 없을 것 같지만, 시간이 갈수록 당신이 어떤 선택을 했느냐에 따라 미래가 바뀌게 된다. 나는 중학생 시절 밤을 새워가며 '디아블로 2'라는 게임을 했다. 그 게임은 좋은 아이템이 언제 나올지 모르는 게임이기 때문에 나는 매일 밤을 새며 게임을 했다. 하지만 만약 내가 그 시간에 공부를 하거나 다른 취미활동을 했다면 지금 어떤 모습일까? 책을 읽었어도 좋고, 운동을 했어도 좋다. 게임을 심지어 밤을 새워 했지만 그 게임이 내게 남긴 것은 그 당시의 향수, 추억 그 이상도 이하도 아니다. 물론 향수와 추억도 분명히 중요하고 소중하다. 하지만 당시의 나는 혼자서 게임을 했고, 그저 게임에서 나온 아이템을 자랑한 기억뿐이다. 지금 생각해도 많이 아쉬운 선택이었다.

내 경험을 보면서 당신도 아차 싶었던 순간이 있을 것이다. 그 당시에는 별 생각 없이 했던 선택이지만 이제 와서 보면 후회되는 선택이었던 순간 말이다. 그리고 어쩌면 당신은 오늘도 그런 후회되는 선택을 하고 있는지도 모른다. 당신이 좀 더 고민하고 당신을 위한 선택을 하지 않는다면, 후회되는 선택을 할 가능성은 더욱 높아진다. 하지만 당신은 지금 이 책을 만났고, 지금 이 책을 읽고 있다. 당신의 선택은 지금부터 바뀔 수 있다.

나는 당신이 시간을 투자할 수 있는 가장 효율적인 선택이 독서라고 말할 수 있다. 독서만큼 손쉽고 가성비 높은 투자는 없기 때문이다. 당신은 독서를 통해 나은 미래를 꿈꿀 수 있다. 또 내 꿈이 무엇인지 알 수 있다. 나에 대해서도 알 수 있다. 책에 담긴 작가의 생각과 노하우를 읽으며 당신의 생각이 정리되고 작가에게 배울 수 있기 때문이다.

나는 대인관계에 대한 고민을 해결하기 위해 독서를 시작했다. 그리고 점점 자존감, 자기애, 자기계발에 대한 책을 읽어갔고 내면의 진정한 변화를 만들어냈다. 이 모든 것은 독서를 통해 만들어졌다. 독서를 하지 않았더라면 나는 아직도 고민만 계속하는 변화 없는 인생을 살고 있었을 지도 모른다. 독서는 내게 인생의 변화를 가져다주었고 앞으로도 마찬가지일 것이다. 나는 오늘도 책을 읽으며 내 미래를 만들어가고 있다. 내 꿈을 위해 독서를 통해 자기계발을 하고 있다. 책은 내가 꿈을 이루는 것을 도와주는 멘토이자 이정표이다. 내가 꿈의 방향을 알려주고 그 꿈을 이루기 위한 방법을 알려주기 때문이다.

당신의 미래를 만들어가기 위해서도 독서는 선택이 아니라 필수이다. 책을 읽은 모든 사람이 성공하지는 않지만, 성공한 사람은 책을 읽은 사람들이기 때문이다. 책을 읽으며 본인의 의식을 성장시키고 더 넓고 다양한 분야의 지식과 노하우를 습득하여 내 것으로 만드는 것이 성공의 비결이기 때문이다. 독서를 통한 자기계발은 이제 선택이 아니라 필수이다. 당신이 꿈꾸는 미래가 있고, 꿈이 있다면 이제부터 독서를 시작하자. 독서는 선택이 아니라 필수이다. 당신의 꿈을 응원한다.

CHAPTER 06

지금이 책 읽기 가장 좋다

기회를 기다리는 것은 바보짓이다.
독서의 시간은 지금 이 순간이지 결코 이제부터가 아니다.
오늘 읽을 수 있는 책을 내일로 넘기지 마라. – H. 잭슨

시작하기 가장 좋은 시절, 지금

예전에 유명한 광고 중에 이런 광고가 있었다. 자양강장제로 유명한 박카스 광고였다. 처음엔 포장마차에 앉아 있는 직장인들이 나온다. 사표를 써야겠다며 서로 술잔을 기울이며 서로 위로한다. 그리고 그 두 장면이 TV 속 화면으로 바뀌며 방바닥에 누워 있는 백수가 이야기한다.

"부럽다. 취직을 해야 사표를 쓰지."

그리고는 그 백수가 방바닥에 누워 있는 장면이 다시 TV 속 화면으로 바뀐다. 이번에는 군대 생활관에 있는 이등병이다.

"부럽다. 나도 저렇게 누워 있고 싶다."

그리고 다시 그 이등병의 모습이 TV 속 화면으로 바뀐다. 이번에는 처음의 그 직장인들이 TV 속 이등병을 보며 말한다.

"부럽다. 저 때는 제대만 하면 끝이었는데."

서로를 부러워하는 뫼비우스의 띠 같은 광고이다. 그리고 우리 보통 나보다 어린 동생들을 보며 하는 말과도 비슷하다.

"어려서 좋겠다."
"내가 1년만 어렸어도…."

하지만 그런 우리도 우리보다 나이 많은 사람들에게는 부러움의 대상이 된다. 그들도 우리를 보며 똑같이 이야기한다. 그 시절이 좋은 시절이라고. 그럼 과연 '좋은 시절'이라는 게 있을까? 매 순간 남의 좋은 시절을 부러워만 하는데, 과연 나에게 좋은 시절이 올까? 하지만 반대로 생각해보면, 내가 지금 살아가는 지금의 시절은 누군가는 부러워하는 시절일 것이다. 즉, 지금 우리가 사는 지금이 가장 좋은 시절이다.

보통 사람들은 어떤 일이 하기 싫어 미룰 때, '~하면 해야지'라고 핑계를 대곤 한다. 하지만 ~한 때는 오지 않거나, ~한 때가 와도 그 일을 하지 않는 경우가 많다. 그렇게 사람은 게을러지는 것이다. 하지만 진짜 성공한 사람들은 해야 할 일을 미루지 않는다. 오히려 해야 할 일이 생기면 누구보다 빠르게 결정하고 후다닥 해치워버린다. 자신의 성공을 위해 해야 할 일이기도 하지만 또 다른 이유는 해야 할 일을 미뤄둔 뒤의 그 찝찝한 느낌이 싫기 때문일 것이다.

일본의 유명한 머니 카운슬러 다구치 도모타카가 쓴『성격 급한 부자들』이란 책이 있다. 제목 그대로 성격이 급한 부자들의 이야기이다. 이 책을 읽고 있는 당신 역시 성격이 급한데 부자가 되지 못했는가? 이 책은 그냥 급한 것이 아니라 '현명하게 급한 부자들'에 대한 이야기를 담고 있다.

많은 매체에서 이런 이야기를 한다.

'세상은 빠르게 변하고 있다. 적응하지 못하면 뒤처진다.'

맞는 말이다. 세상은 정말 빠르게 변화하고 있다. 어제의 정답이 오늘은 오답이 될 수 있다. 수많은 유행이 왔다가 지나간다. 세상이 빠르게 지나가는 만큼 나 또한 빠르게 움직여야 한다. '현명하게 급한 부자'란 바로 빠르게 변화하는 세상에 빠르게 적응하는 사람들이다. 과거의 영광에 취해 변화하지 않고 그저 현 상태를 유지하려고만 해서는 성공을 유지하기가 어렵다. 세상이 변화하는 만큼 나도 변화해야 하는 것이다. 현명하게 급한 부자는 이런 마인드로 항상 변화에 민감하고 빠르게 반응한다. 그렇기 때문에 성공한 것이다. 그들은 바로 지금 이 시절이 가장 좋은 시절임을 아는 것이다.

우리 역시 마찬가지이다. 성공하기 위해서는 지금 당장 움직여야 한다. 하루라도 빠르게 변화하는 세상에 맞추어 움직여야 한다. 그러기 위해서는 지금, 가장 좋은 시절인 지금부터 책을 읽어야 한다. 지금이 책 읽기 가장 좋은 시절인 것이다.

언젠가는 절대 오지 않는다

내가 책을 읽고 있으면 주변에서 궁금증을 갖고 다가온다. 그리고 내가 책을 읽는 모습을 보면 보통 이런 대화가 오고간다.

"대단하다. 나도 책 읽어야 하는데."
"너도 할 수 있어. 지금부터 나랑 같이 읽자."
"아냐. 지금 당장은 말고. 요즘은 너무 바빠서 책 읽을 시간이 없어."

과연 그 사람들에게 책 읽을 수 있는 여유 있는 시간이 올지 의문이다.

그렇게 미루다 보면 언젠가 그런 시절이 올 것이라 생각하는가 보다. 아마 일을 모두 관두고 노인이 되었을 때 즈음에는 그런 시간이 생길지도 모르겠다. 하지만 그때 읽는 것보다 지금 이 시절에 읽는 것이 훨씬 좋지 않을까? 지금 책을 읽어 조금씩 성장하며 더 이른 나이에 성공하는 것이 훨씬 더 좋은 일 아닐까? 그렇게 책 읽기 좋은 시절이 오기를 기다리다가는 결국 책 읽기 좋은 시절을 만나지 못할 수도 있다. 좋은 시절은 기다리는 것이 아니라 내가 만드는 것이다. 그리고 그 시절은 바로 지금이다.

나는 대학교 시절, 고등학교 시절을 되돌아보며 후회하곤 했다. '고등학교 시절에 정말 미친 듯이 공부를 하거나, 아니면 미친 듯이 놀았더라면…' 하고 후회를 했다. 대학생 시절에도 충분히, 아니 오히려 더 잘 놀고 더 열심히 공부를 할 수 있음에도 불구하고 말이다. 이렇듯 지금 당신은 당신의 현재 시절이 얼마나 좋은 시절인지 알지 못한다. 오늘부터 당장 시작한다면 앞으로 이룰 수 있을 것이 얼마나 많을지 알지 못한다. 책 읽을 시간이 없다면서 TV를 보고 유튜브를 보고 의미 없는 술자리를 갖곤 한다. '스트레스를 풀어야 한다, 친구 관계를 유지해야 한다'는 이유로 말이다. 하지만 정말 중요한 미래를 만드는 일에는 왜 시간을 쏟지 못하는가? 정작 중요한 일에는 시간을 쏟지 않으면서 시간이 없다고 하는 말은 어불성설이다.

책 읽기 가장 좋은 시절은 바로 지금이다. 가장 좋은 시절은 기다리는 것이 아니라 만드는 것이다. 그리고 그 시절을 만드는 것은 당신의 마음가짐이다. 당신의 미래를 바꿀 수 있는 현재라는 시간을 어떻게 사용하고 있는가? 독서를 통한 자기계발로 당신의 미래를 바꾸자. 꿈꾸는 미래를 만들기 위한 시작은 바로 지금이 되어야 한다. 당신의 꿈을 응원한다.

CHAPTER 07

오늘도 나를 위해 책을 읽는다

어리석은 사람은 이름난 작가의 것이라면 무엇이든지 찬미한다.

나는 오직 나를 위해서만 읽는다. – 볼테르

내 시간을 사랑하라

나는 매일 나를 위해 책을 읽는다. 다른 사람, 어느 누구도 아닌 나를 위해 책을 읽는다. 책을 읽는다는 행위는 곧 나를 사랑한다는 의미이다. 내가 나를 위해 하는 행동이기 때문이다. 책을 읽으며 나를 더 알아가고 나에게 더 많은 관심을 준다. 책을 읽으며 내면을 들여다보고 나 스스로 생각하기 때문이다. 내 안 더 깊숙한 곳, 평소에는 의식에 존재하지 않는 저 깊은 곳 어딘가에 숨어 있는 나를 보기도 한다. 어떤 책을 읽느냐에 따라 내가 좋아하는 음식에 대한 생각을 할 수도 있다. 내 안에 숨어 있는 어린 아이를 보기도 한다. 또 내 안에 나도 모르게 숨겨져 있던 꿈을 찾아내기도 한다. 그리고 이렇게 나를 알아갈수록 나는 나를 더 사랑하게 된다. 그리고 나를 사랑하게 된다는 것은 곧 내 시간을 사랑한다는 뜻이다.

나는 어느 순간 '시간'이라는 자원의 소중함에 대해 깨닫게 되었다. 돈은 내가 노력하면 벌 수 있다. 알바를 하든, 취직을 하든 내가 노력을 하면 벌 수 있다. 하지만 시간은 내가 어떤 노력을 해도 벌 수 없다. 타임머신이 발명되지 않는 이상 나는 지나간 시간을 되돌릴 수도 없고 시간을 뛰어 넘을 수도 없다. 나는 흐르는 시간 속에 살고 있고, 내가 살고 있는 지금도 시간은 흐르고 있다. 나는 흐르는 시간을 붙잡을 수 없다. 내가 아무것도 하지 않아도 시간은 무심하게 흐른다. 그렇기 때문에 시간은 아주 소중하다. 그리고 내게 주어진 한정된 시간을 잘 쓰는 것이 곧 나를 위한 투자이다. 나를 사랑하는 방법이다.

시간의 또 하나의 특징은 이 세상 모두에게 동일하게 주어진다는 것이다. 시간은 저 멀리 있는 나라의 대통령에게도 우리나라에 있는 그 누구에게도 시간은 하루 24시간 동일하게 흐른다. 그리고 모두에게 동일하게 주어지는 만큼 시간에 있어서는 핑계를 댈 수 없다. 모두가 동일하게 주어진 시간을 활용하기 때문이다. 하지만 동일하게 주어진 시간 속에서 누구는 100억 부자가 되고 누구는 매일 컵라면만 먹으며 살아간다. 시간을 어떻게 투자하느냐에 따라 다른 결과를 만들어내는 것이다.

아인슈타인은 이런 말을 했다.

"어제와 똑같이 살면서 다른 미래를 기대하는 것은 정신병 초기 증상이다."

나는 이 말을 보고 충격을 받았고, 나의 오늘을 어제와 다르게 살기로 했다. 하루하루 어제보다 나은 사람이 되기 위해 노력했다. 내가 가진 꿈을 향해 한 걸음씩 나아가는 내가 되기로 했다. 매일을 어제보다 1%씩 나아지면 1년 뒤에 나는 38배 더 나은 사람이 된다. 1.01의 365배는 약 38이기 때문이다. 대단한 일이다. 매일 1%씩만 꾸준히 변해도 1년이라는 짧은 시간에 그렇게 변할 수 있다는 사실이 말이다. 그리고 성공한 사람들은 이렇게 어제보다 1%씩 나은 모습으로 꾸준히 변화한 사람들일 것이다. 매일을 똑같이 1로만 살아서는 결국 1년 뒤에도 1의 모습으로 남을 것이기 때문이다. 그리고 나는 매일의 1%의 변화를 만드는 방법으로 독서를 택했다.

나는 내가 매일 1%라도 변화할 수 있도록 독서를 통한 자기계발을 하기로 마음먹었다. 독서를 통해서 매일 어제보다 1% 나아진 나를 만들기로 한 것이다. 다른 누구도 아닌 나의 변화를 위해서 말이다. 하지만 예전의 나는 내가 아닌 남을 위한 책을 읽었다. 아니 정확히는 남에게 보이는 모습 때문에 책을 읽곤 했다. 내게 남는 독서가 아닌 SNS에 남는 독서를 한 것이다. 독서를 통해 책에서 얻을 것을 생각하기보다는 그 책을 읽는 모습을 남들이 보고 인정해주기를 바랐던 것이다. 그런 독서는 내게 단 0.1%의 변화도 가져다주지 못했다. 그렇게 200권 정도를 읽은 것 같지만 그중 기억에 남는 책은 5권 정도일 뿐이다. 진짜 나를 위한 독서를 하지 않은 까닭이다. 그리고 그 200권의 책을 읽은 뒤에 나는 목적을 갖는 진짜 독서를 하게 되었다. 진짜 독서가 시작되면서 나의 진짜 변화는 날개짓을 시작했다.

주변을 밝히는 첫 번째 촛불

나는 내일의 행복을 꿈꾼다. 지금도 행복하지만 내일은 더 행복해질 것을 꿈꾼다. 그리고 믿는다. 행복은 마음먹기 나름이라는 말이 있지만 나는 지금보다 내일이 더 행복해질 것을 믿는다. 나에게는 꿈이 있다. 자기계발의 본고장이라고 할 수 있는 미국과 전 세계 인구 순위 1위인 중국에서 동기부여, 자기계발 강연과 코칭을 하는 것이다. 영어와 중국어로 능수능란하게 강연과 코칭을 하는 것이다. 내 강연을 들은 수많은 관중에게 박수갈채를 받는 모습을 상상해본다. 그리고 내 강연을 듣고 더 많은 사람들이 변화한 모습을 꿈꾼다.

나는 한국을 넘어 전 세계의 더 많은 사람들의 가슴속에 희망과 열정의 꽃씨를 심어줄 것이다. 그렇게 점점 더 많은 사람들의 가슴에 희망과 열정의 꽃씨가 심어지고 꽃씨가 심어진 사람들은 주변 사람들에게 또다시 꽃씨를 심어준다. 그렇게 꽃씨가 심어진 사람들이 많아지게 되면 이 세상이라는 꽃밭은 더 풍성하고 향기로워질 것이다. 해바라기, 민들레, 장미 등 각각의 사람마다 피운 꽃은 다를 것이다. 종류가 다양할수록 이 세상 꽃밭 역시 풍성해질 것이다. 나는 이런 장면을 상상할 때에 가수 GOD의 '촛불하나'라는 노래를 떠올리곤 한다.

'아무것도 없다고 믿었던 내 주위엔 또 다른 초 하나가 놓여 있었기에 불을 밝히니 촛불이 2개가 되고 그 불빛으로 다른 초를 또 찾고 3개가 되고 4개가 되고 어둠은 사라져가고.' – GOD, 〈촛불하나〉 중

이 세상 전부를 나 혼자 밝힐 수는 없을 것이다. 하지만 내 주변의 한 사람 한 사람을 밝혀줄 수는 있을 것이다. 그리고 그 한 사람 한 사람이 또다시 주변의 촛불을 켜주고 또 그 사람이 주변에 촛불을 켜준다면 이 세상은 점점 밝아질 것이다. 그리고 이 세상을 밝히는 것이 곧 내 소명이다.

내 이름은 주현(周炫)이다. '두루 주'자에 '밝을 현'을 써서 주변을 두루 밝히라는 뜻을 갖고 있다. 그리고 나는 내 이름의 뜻대로 살고 있다. 예전에는 주변 사람들에게 웃음이라는 빛을 주어 밝혔다. 하지만 독서를 만나며 스스로를 변화시키고 나니 나에게는 '동기부여' 라는 새로운 달란트를 발견할 수 있었다. 또 이 달란트는 내 적성과도 잘 맞았다. 나는 남들이 모

르는 상대의 장점을 알아볼 수 있는 세심함을 갖추고 있었다. 또 상대를 자연스레 칭찬할 수 있는 지혜를 갖고 있었다. 그리고 상대를 미소 짓게 하는 유머와 재치를 가지고 있었다. 하지만 예전에는 이런 달란트가 나에게 있는지조차 알지 못했다. 이 달란트를 내가 갖고 있음을 알게 된 것은 독서 때문이다. 그리고 이 달란트들을 계발할 수 있게 도와준 것도 독서였다.

나는 매일의 독서로 내 안의 달란트를 발견하고 계발해왔다. 자존감 때문에 시작한 독서였지만 그 독서를 통해 나를 알게 되고 나를 변화시켜온 것이다. 그리고 앞으로도 나는 나를 위해 매일 책을 읽을 것이다. 책 속에는 답이 있고, 책 속에는 내 의식의 빈 공간을 채워줄 양식이 있기 때문이다. 나는 내 이름의 의미처럼 주변을 밝히는 존재가 되고자 한다. 그러기 위해서는 내가 더 밝은 빛을 낼 수 있어야 한다. 나는 책을 통해 내 안의 빛을 채우고 더 큰 빛을 만들고 있다. 이 책을 읽고 있는 당신에게도 내 빛이 전해지기를 바란다.

CHAPTER 08

주독야독(晝讀夜讀)하라

어떤 일을 하는 데 아는 자는 좋아하는 자만 못하고,

좋아하는 자는 즐기는 자만 못하다. – 공자

주독야독하라

옛말에 주경야독(晝耕夜讀)이라는 사자성어가 있다. 낮에는 밭을 갈고 밤에는 책을 읽으라는 뜻이다. 현대로 따지면 낮에는 일하고 밤에는 책을 읽어라 정도로 해석하면 되겠다. 하지만 우리는 낮에도 읽고 밤에도 읽어야 한다. 성공하고 싶은 마음만큼, 성장하고 싶은 마음만큼 읽어야 한다. 틈날 때마다 읽어야 한다. 책 읽고 성장하는 데에는 낮도 없고 밤도 없다. 그저 읽으면 된다. 아마 지금 이 책을 읽는 당신은 속으로 이렇게 생각할지도 모르겠다.

"난 바빠서 읽을 틈이 없어."

"나는 일하고 돌아오면 너무 피곤해서 읽을 에너지가 없어."

"진짜 좋은 얘긴데, 그건 작가님이니까 가능한 얘기예요."

나 역시 직접 경험하기 전까지는 그랬다. 책에서 만나는 독서의 달인들을 보며 그건 내 얘기가 아니라고 생각했다. 1년에 1,000권을 읽은 분들도 있었다. 3년에 만권을 읽었다는 분들도 있었다. 하지만 꼭 천권이나 만권을 읽어야 하는 것도 아니다. 우리의 목적은 성장이고 성공이다. 책은 아예 안 읽는 것도 좋지 않다. 하지만 무작정 많이만 읽는 것도 좋지 않다. 생각 없이 권수만 채우기 위해 읽는 책은 약이 아니라 독이다. 나는 대학생 시절 읽었던 200권의 책에서 이를 확실히 알 수 있었다.

자기계발서 한 권 한 권에는 정말 많은 아이디어와 실천해야 할 것들이 들어 있다. 대학생 시절의 나는 그저 무작정 읽기만 했다. 그래서 한 권 한 권 읽은 책이 쌓여갈 때마다 해야 할 것이 쌓여갔다. 아는 것도 쌓여갔다. 하지만 아는 것이 쌓여가는 것은 그리 좋지 않았다. 내 주관이 없는 지식은 그저 혼란만 야기시킬 뿐이었다. 어떤 일을 할 때마다 나는 여러 가지 책의 지식들을 적용시키려고 했다. 하지만 비슷한 상황에 대해 여러 가지 이야기가 있으면 너무 혼란스러웠다. 그래서 한때는 책 읽기를 쉬기도 했다.

우리는 무작정 권수만 채우기 위해 읽는 독서를 지양하고 정말 성장을 위한 독서를 해야 한다. 바빠서 못 한다는 핑계는 저 멀리 쓰레기통에 담아 버리고 말이다. 집에 와서 TV를 볼 시간이 있다면 책을 읽을 수 있다. 회사에서 잠깐 화장실에 갈 시간이 있다면 책을 읽을 수 있다. 점심을 먹고 동료들과 수다를 떨 시간이 있다면 책을 읽을 수 있다. 퇴근 후 동료들과 간단히 한 잔을 할 시간이 있다면 책을 읽을 수 있다. 아마 이 부분을 읽으면서 이런 생각을 할 수 있겠다.

'동료들과 한 잔을 해야 사회생활을 하죠.'
'친구들과 수다 떠는 시간이 있어야 친해지는 거예요.'
'화장실 가면서 어떻게 책을 읽어요?'

자, 그럼 생각해보자. 당신은 친구가 당신과 식사하고 대화를 하지 않는다고 해서 그 친구와의 인연을 끊을 것인가? 당신은 친구가 책 읽겠다고 오늘의 술자리를 거부한다면 그 친구와 다시는 이야기하지 않을 것인가? 친구와의 시간은 소중하지만 식사 후에 수다를 떨지 않았다고 해서 멀어진다면 그 친구와의 인연은 그 정도인 것이다. 술자리를 갖기 않아서 멀어질 친구였다면 언젠가는 분명히 멀어질 친구였을 것이다. 오히려 진짜 친구라면 책을 읽으며 노력하는 당신의 모습에 박수를 보낼 것이다. 오히려 좋은 책을 발견했다며 당신에게 책 선물을 할지도 모르겠다. 틈틈이 책을 읽는 당신을 보며 그 친구도 같이 읽기 시작할 수도 있겠다. 반대의 경우로 생각해보면 더욱 명확해질 것이다. 당신과 가장 친한 친구가 갑자기 어느 순간부터 책을 읽기 시작한다면 당신은 어떻게 반응할 것인가? 미친 사람 취급하며 바로 절교를 선언할 것인가?

하루 빨리 독서를 시작하자

만약 독서를 하는 친구를 두었다면 당신은 행운아다. 주변에 그런 친구가 있다는 것만으로도 당신의 독서환경은 조성되어 있는 것이기 때문이다. 그 친구가 책 읽는 모습을 보며 한 번쯤 '나도 읽어볼까?'라는 생각을 했다면 더욱 좋다. 나도 SNS에 친구들이 읽은 책에 대한 포스팅을 올리면 자극받는다. 여유로운 주말 오후 커피 한 잔과 함께 책 한 권이 담긴 사진 한 장에서 나도 모르게 그 감성에 자극받는다. 그리고 어떤 열정적인 친구가 책을 읽고 파이팅 넘치는 포스팅을 하면 또 거기에 자극받아 나도 열정적이 된다. 그리곤 나도 책을 잡는다.

이제는 내가 주변에 그런 영향을 주는 친구이고 싶다. 그래서 나는 책을 읽으면 서평과 함께 포스팅을 남기곤 한다. '이 포스팅을 보고 한명의 친구라도 이 책을 읽을 수 있다면 성공이다. 그렇지 않더라도 이 포스팅에서 어떤 영감을 얻는다면 성공이다.'라는 생각으로 책 내용을 핵심만 간추려 올리곤 한다. 내가 이 책에서 받은 감동과 열정을 최대한 전달하기 위해 노력하며 말이다. 그래서 나도 모르는 내 팬이 생기기도 한다. 왜 포스팅을 올리지 않느냐며 연락을 해오기도 한다. 그럴 때면 내 소명을 떠올리며 흐뭇해하곤 한다.

이 책을 읽고 있는 당신과 이 책을 쓰고 있는 나의 목적은 같다. 우리는 모두 성공하고 싶고 성장하고 싶다. 나는 성공해서 행복한 삶을 누리며 살고 싶다. 또 하루하루 성장하며 더 멋진 내가 되고 싶다. 이런 욕구들을 위해 나는 오늘도 책을 읽는다. 당신은 어떤가? 우리가 성장하기 위해서는 책을 읽어야 한다. 책을 읽는다고 무조건 성공하는 것은 아니다. 하지만 책은 성공하는 데 반드시 필요하다. 책을 읽고 성공한 많은 사람들이 이를 증명해준다.

이 세상에 책이 있다는 것은 축복이다. 우리는 우리보다 먼저 그 일을 경험한 사람들의 지식과 지혜를 책을 통해 손쉽게 얻는다. 책을 읽고 책에서 깨달은 것을 실천하는 것만으로도 우리는 더욱 성공한다. 누군가는 20억의 사업 빚을 지고 깨달은 것을 책을 통해 전달한다. 우리는 책을 통해 20억의 빚을 지지 않고도 그 사람의 깨달음을 얻는다. 누군가는 목숨이 위험한 사고를 겪고 깨달은 것을 책을 통해 전달한다. 우리는 책을 통해 그런 사고를 당하지 않고도 그 사람의 깨달음을 얻는다. 이보다 더 쉬운 자기계발이 있을까?

하지만 모든 일이 그러하듯 독서는 꾸준히 해야 한다. 독서는 한 권을 읽고 인생을 바꾸어주는 마술이 아니다. 한 사람 한 사람의 지혜와 경험이 쌓여 내 안의 성장을 만드는 것이다. 그리고 꾸준히 하는 것은 그렇게 어려운 일이 아니다. 아주 쉬운 일이다. 이 책에서 나온 내용을 실천하면 된다. 매일 책을 들고 다니고, 틈날 때마다 읽으면 된다. 주독야독하면 된다. 한 장을 읽어도 된다. 10장을 읽어도 좋다. 다만 무조건 꾸준히 읽어야 한다. 당신이 유튜브 보는 시간을 10분만 줄여도 2~3장은 읽을 수 있다. 그것도 아니면 한 줄이라도 읽어라. 그 바쁜 와중에도 한 줄을 읽은 당신이 뿌듯하게 느껴질 것이다. 당신이 느끼는 뿌듯함이 많아질수록 당신 안의 성장도 쌓여갈 것이다.

제발 이 책을 읽는 당신에게 이런 내 생각과 감정이 전해지기를 바란다. 이 책이 당신 안에 희망과 열정의 꽃씨를 심어 아주 깊이 뿌리내리기를 원한다. 이 책을 읽고 변화하고 성장한 당신이 나와 만나 이야기를 나누는 장면을 상상해본다. 나는 제발 당신이 지금부터 책을 읽기를 바란다. 우리 모두 성공을 위해, 성장을 위해, 행복을 위해 주경야독하자. 꾸준히 책을 읽어 우리 안에 성장을 쌓아가자. 성장이 쌓여 꽃을 피울 때, 성공이 이루어져 있을 것이다.

개그맨 박명수 씨의 유명한 어록이 하나 있다.

"늦었다고 생각할 때는 진짜 늦었다. 그러니 지금 바로 시작하라."

늦었다고 생각하면 진짜 늦었다. 그러니 제발 지금이라도 독서를 시작하라. 지금 당장, 주독야독하라. 독서는 당신의 인생을 바꿔줄 가장 확실한 방법이다. 하루라도 더 빨리 독서를 통해 인생을 바꿔나가자. 당신의 꿈을 응원한다.

10 『레버리지 리딩』, 혼다 나오유키, 미들하우스

"레버리지 리딩은 어디까지나 '투자 활동'이므로 단순히 책을 많이 읽는 차원을 떠나 자신의 과제나 목적, 목표 달성에 필요한 정보만 수집하면 그것으로 충분하다."

내가 한창 1년 365권 읽기를 하던 때였다. 하루에 한 권씩을 읽어 나가는 데에는 단순한 노력 그 이상의 것이 필요했다. 그래서 속독법과 여러 독서법을 많이 공부했다. 그러던 중 이 책을 우연히 알게 되었다. 정확히 기억은 나지 않지만 인터넷에서 우연히 이 책을 알게 된 것 같다. 하지만 이 책은 이미 절판되었고, 중고 서점에도 책을 구하기 힘들었다. 검색을 해보니 부산에 딱 한 권이 있었다. 하지만 내가 사는 곳은 인천이었다.

어떻게든 저 책을 읽어야겠다는 일념 하나로 고민 끝에 방법을 찾아냈다. 부산에 사는 동생에게 책 구매를 부탁한 것이다. 그리고 동생에게 책을 받고 나서 내

독서 속도는 급격히 상승했다.

레버리지라는 단어는 많이 들어봤을 것이다. 영어로는 '지렛대'라는 뜻이고 보통은 '부채를 끌어다가 투자 효과를 극대화한다'는 뜻으로 사용한다. 그리고 이 책에서는 한 권의 책으로 독서 효과를 극대화한다는 의미로 사용된다. 내게 딱 필요한 독서법이었다. 원래 알던 발췌독의 응용버전이었다.

책에서 필요한 내용을 내가 실제 삶에 적용할 수 있도록 해주는 방법이 적혀 있었고 나는 그대로 실천했다. 단순하지만 간단했고 나는 더 빠르게 책을 읽어나갈 수 있었다. 그리고 덕분에 1년에 365권 읽기를 마칠 수 있었다.
책 전체를 다 읽을 필요가 없다. 내게 필요한 부분만 골라 읽고 내 삶에 적용하여 변화를 만드는 것이 더 중요하다. 그것이 책 읽는 데 투자한 돈과 시간의 효과를 극대화시킬 수 있는 방법이다.

EPILOGUE

독서를 통해 완전히 다른 나를 꿈꾸다!

내 인생에서 '독서'는 정말 커다란 의미를 지닌다. 나는 독서를 통해 자존감을 되찾았다. 또 독서 덕분에 나를 더 알게 되었다. 독서는 내 인생의 멘토이자 스승이다. 어떨 때는 가장 친한 친구가 되어주기도 한다. 그만큼 독서는 나에게 많은 도움을 주었고 나에게 많은 변화를 가져다주었다. 자존감에만 관심이 있던 나는 독서를 통해 더 큰 나를 꿈꾸게 되었다. 내 안의 진짜 가슴 뛰는 꿈을 찾게 되었다. 내가 누구인지도 잘 알게 되었다. 독서가 아니었다면 지금의 내 모습이 어땠을지 상상이 되지 않는다. 어쩌면 아직까지 혼자 우울함에 가득 차서 늪에서 헤어 나오지 못하고 있었을지도 모르겠다.

하지만 나는 독서를 통해 완전히 변했다. 내가 원하던 것들을 얻어왔고, 앞으로도 그럴 것이다. 이 책을 읽은 당신에게도 나와 같은 변화가 있기를 바란다. 혹시 아무런 변화가 없다면 책의 프롤로그로 돌아가자. 그리고 다시금 천천히 이 책을 읽어보자. 나는 이 책에 내가 겪은 모든 것을 담고자 했다. 독서를 통해 내가 얻은 것과 시행착오들 말이다. 그리고 당신에게도 내가 지금 느끼는 것을 전달하고자 했다. 나의 시행착오를 보고, 당신은 나보다 적게 겪기를 바라는 마음에서다. 당신도 나와 같이 스스로를 더 잘 알게 되고, 더 나은 사람이 되기를 바란다. 그리고 꿈을 갖고 완전히 다른 자신이 되기를 바란다.

책을 만나기 전의 내 인생은 암흑 그 자체였다. 나는 부정적이었고 우울했다. 매사에 스스로를 비난했고 깎아내렸다. 하지만 독서를 시작하며 나는 변하기 시작했다. 그리고 그 변화는 내가 더 변하고자 하는 욕구를 만들어주었다. 그렇게 조금씩 독서가 쌓이며 나는 변했다. 그리고 앞으로도 변할 것이다. 앞으로는 더 빠른 속도로 변할 것이다. 독서를 통한 자기계발로 더 나은 내가 될 것이기 때문이다.

나는 더 나은 나를 꿈꾼다. 지금까지의 내 모습에서 나를 더 사랑하기를 바란다. 내가 가진 재능을 더욱 계발하기를 바란다. 우리가 이 세상에 태어난 데에는 이유가 있다. 개개인의 달란트가 있고 소명이 있다. 다만 아직 우리가 발견하지 못했을 뿐이다. 가만히 생각해보자. 당신이 어렸을 적 꾸었던 꿈들을 생각해보자. 그저 멋있다는 이유로 되고 싶어 했던 가수의 꿈, 혹은 좋아하던 선생님 때문에 갖게 되었던 선생님의 꿈은 나이를 먹고 시간이 지나감에 따라 그런 꿈들은 머릿속 저 깊은 곳에 담겨 빛을 보지 못하고 있다. 어쩌면 그 꿈이 내 소명일지도 모르는데 말이다.

많은 사람들이 좋은 대학교에 가고, 대기업에 취직하기를 원한다. 본인만의 목적이나 사명 때문이 아니라 그저 돈 때문에 말이다. 하지만 대기업에 취직하고 나서도 다른 꿈을 꾸곤 한다. 그토록 바라던 대기업에 취직했음에도 적성에 맞지 않는다며 다른 일을 하고 싶어한다. 본인의 진짜 꿈을 찾기를 바란다. 당신 역시 그런 사람 중 하나라면, 독서를 시작하자. 독서를 통한 자기계발을 시작하자. 독서를 통해 당신의 소명과 꿈을 다시금 기억해내고 그 꿈과 소명을 위해 자기계발을 시작하자. 독서를 통해 이전과는 완전히 다른 내가 되는 것이다.

책은 읽을수록 내 의식을 더욱 성장시킨다. 책에는 작가의 생각과 의식수준이 담겨 있기 때문이다. 우리는 책을 읽으며 작가의 생각과 의식 수준을 읽고 경험한다. 작가는 글을 통해 우리에게 본인의 이야기를 들려준다. 독서를 제대로 할수록 작가의 생각과 의식에 근접하게 된다. 점점 나 스스로 성장해나간다. 그렇게 성장하며 나는 이전과는 완전히 다른 내가 되어간다. 내가 그리던 꿈을 닮아가고, 내가 바라던 성공에 가까워진다.

독서가 아니었다면 지금의 나는 없을 것이다. 그리고 앞으로의 내 꿈과 소명도 이룰 수 없을 것이다. 독서는 지금의 나를 만들었고, 앞으로의 나도 만들어갈 것이다. 그리고 이 책을 읽고 있는 당신도 만들 것이다. 독서를 통한 자기계발로 꿈을 향해, 나 자신의 변화와 성장을 향해 나아가자. 이 책이 당신이 꿈을 이루는 데에 하나의 길잡이가 되기를 바란다. 당신의 꿈을 응원한다.

LIST OF BOOKS

저자 이주현이 추천하는 도서 리스트 100

1. 『독서 천재가 된 홍대리』, 이지성, 다산라이프, 2012
2. 『감정의 성장』, 김녹두, 위고, 2015
3. 『2억 빚을 진 내게 우주님이 가르쳐 준 운이 풀리는 말버릇』, 고이케 히로시, 나무생각, 2017
4. 『2억 빚을 진 내게 우주님이 가르쳐 준 운이 풀리는 말버릇 – 만화편』, 고이케 히로시, 나무생각, 2018
5. 『성과를 지배하는 바인더의 힘』, 강규형, 스타리치북스, 2013
6. 『3개의 소원 100일의 기적』, 이시다 하사쓰구, 김영사, 2016
7. 『부자들은 왜 장지갑을 쓸까』, 카메다 준이치로, 21세기북스, 2011
8. 『CEO의 메모』, 니시무라 아키라, 이손, 2003
9. 『나는 자기계발서를 읽고 벤츠를 샀다』, 최성락, 아템포, 2014
10. 『기적의 입버릇』, 사토 도미오, 중앙북스, 2010
11. 『당신의 소중한 꿈을 이루는 보물지도』, 모치즈키 도시타카, 나라원, 2017
12. 『가슴 뛰는 상상을 즐겨라』, 다카이치 아라타, 나라원, 2007
13. 『에너지 버스』, 존 고든, 쌤앤파커스, 2007

14. 『친밀함』, 이무석, 비전과 리더십, 2007

15. 『부자 마인드 수업』, 월레스 D. 와틀스, 열린숲, 2007

16. 『예민함이라는 무기』, 롤프 젤린, 나무생각, 2018

17. 『운을 부르는 부자의 말투』, 미야모토 마유미, 포레스트북스, 2018

18. 『부자로 만드는 입버릇의 기술』, 사토 도미오, 북뱅크, 2003

19. 『삼성의 임원은 어떻게 일하는가』, 김종원, 넥서스Biz, 2014

20. 『책 읽고 매출의 신이 되다』, 고명환, 한국경제 신문, 2017

21. 『시간 창조자』, 로라 밴 더앰, 책읽는수요일, 2011

22. 『좋아하는 것을 돈으로 바꾸는 법』, 다이고, 동양북스, 2017

23. 『모리와 함께 한 화요일』, 미치 앨봄, 세종서적, 2017

24. 『퍼스트 클래스 승객은 펜을 빌리지 않는다』, 미즈키 아키코, 중앙북스, 2013

25. 『센서티브』, 일자 샌드, 다산지식하우스, 2017

26. 『노트 3권의 비밀』, 미사키 에이치로, 시그마북스, 2010

27. 『왜 일하는가』, 이나모리 가즈오, 서돌, 2010

28. 『왓칭』, 김상운, 정신세계사, 2011

29. 『CEO처럼 나를 경영하라』, 스콧 벤트렐라, 청림출판, 2009

30. 『시간을 파는 상점』, 김선영, 자음과모음, 2012

31. 『미친 실행력』, 박성진, 라온북, 2015

32. 『세계 최고 인재들의 집중력 훈련법』,
오키노 준야 · 보쿠라 샤페 기미코, 가나출판사, 2016

33. 『직장인을 위한 왓칭수업』, 김상운, 움직이는서재, 2016

34. 『바보 빅터』, 호아 킴 데 포사다, 한국 경제신문, 2011

35. 『총각네 야채가게』, 김영한 · 이영석, 거름, 2003

36. 『마시멜로 이야기』, 호아 킴 데 포사다, 한국경제신문, 2009
37. 『누가 내 치즈를 옮겼을까』, 스펜서 존슨, 진명출판사, 2010
38. 『나도 내가 궁금하다』, 김정일, 맥스미디어, 2013
39. 『모든 관계는 말투에서 시작된다』, 김범준, 위즈덤하우스, 2018
40. 『미라클 모닝』, 할 엘로드, 한빛비즈, 2016
41. 『10미터만 더 뛰어봐』, 김영식, 21세기북스, 2013
42. 『선물』, 스펜서 존슨, 랜덤하우스코리아, 2003
43. 『청소부 밥』, 레아 할버트 · 토드 홉킨스, 위즈덤하우스, 2006
44. 『배려』, 한상복, 위즈덤하우스, 2006
45. 『호감가는 말투 미움 받는 말투』, 나카노 히로미, 경성라인, 2008
46. 『청소력』, 마쓰다 미쓰히로, 나무한그루, 2007
47. 『회복 탄력성』, 김주환, 위즈덤하우스, 2011
48. 『가슴 뛰는 삶』, 강헌구, 쌤앤파커스, 2008
49. 『나는 3D다』, 배상민, 시공사, 2014
50. 『행복』, 스펜서 존슨, 비즈니스북스, 2006
51. 『세상을 서빙하다』, 이효찬, 살림, 2015
52. 『탤런트 코드』, 대니얼 코일, 웅진지식하우스, 2009
53. 『메타 생각』, 임영익, 리콘미디어, 2014
54. 『실행이 답이다』, 이민규, 더난출판사, 2011
55. 『유대인 창의성의 비밀』, 홍익희, 행성B, 2013
56. 『7번 읽기 공부법』, 야마구치 마유, 위즈덤하우스, 2015
57. 『월급쟁이 부자들』, 이명로, 스마트 북스, 2014
58. 『감정조절』, 권혜경, 을유문화사, 2016

59. 『생각의 비밀』, 김승호, 레드북, 2015
60. 『어떻게 살 것인가』, 유시민, 생각의 길, 2013
61. 『기획의 정석』, 박신영, 세종서적, 2013
62. 『보랏빛 소가 온다』, 세스 고딘, 재인, 2004
63. 『레버리지 리딩』, 혼다 나오유키, 미들하우스, 2008
64. 『잡담이 능력이다』, 사이토 다카시, 위즈덤하우스, 2014
65. 『세계의 엘리트는 왜 명상을 하는가』, 와타나베 아이코, 반니라이프, 2017
66. 『생각정리스킬』, 복주환, 천그루숲, 2017
67. 『골든 티켓』, 브렌든 버처드, 웅진윙스, 2007
68. 『은근한 매력』, 로리 헬고, 흐름출판, 2009
69. 『하루 세줄, 마음 정리법』, 고바야시 히로유키, 지식공간, 2015
70. 『영어책 한 권 외워봤니?』, 김민식, 위즈덤하우스, 2017
71. 『멘토』, 스펜서 존슨, 비즈니스북스, 2007
72. 『땡큐파워』, 민진홍, 라온북, 2016
73. 『꿈PD 채인영입니다』, 채인영, 샨티, 2010
74. 『생각 읽는 독서의 힘』, 김지연, 다음생각, 2016
75. 『하버드 스타일』, 강인선, 웅진지식하우스, 2007
76. 『나비형 인간』, 고영, 아리샘, 2010
77. 『장사수업』, 이영석, 스토리베리, 2016
78. 『그대, 스스로를 고용하라』, 구본형, 김영사, 2005
79. 『Time Power』, 브라이언 트레이시, 황금부엉이, 2005
80. 『학력 파괴자들』, 정선주, 프롬북스, 2015
81. 『부의 추월차선』, 엠제이 드마코, 토트, 2013

82. 『놓치고 싶지 않은 나의 꿈, 나의 인생 1,2,3』, 나폴레온 힐, 국일미디어, 2015
83. 『백만장자 시크릿』, 하브에커, 알에이치코리아, 2008
84. 『생각 정리의 기술』, 드니 르보 · 장 뤽 들라드리에르 외 2명, 지형, 2007
85. 『나를 사랑하는 법』, 엔도 슈사쿠, 시아, 2008
86. 『하루 15분 정리의 힘』, 윤선현, 위즈덤하우스, 2012
87. 『부자의 생각 빈자의 생각』, 공병호, 해냄, 2005
88. 『다이어트 불변의 법칙』, 하비 다이아몬드, 사이몬북스, 2007
89. 『자기암시』, 에밀쿠에, 화담, 2017
90. 『유대인 엄마의 힘』, 사라이마스, 예담, 2014
91. 『1만 시간의 법칙』, 이상훈, 위즈덤하우스, 2010
92. 『독립연습』, 황상민, 생각연구소, 2012
93. 『메모의 기술』, 사카토 켄지, 해바라기, 2003
94. 『이기는 습관』, 전옥표, 쌤앤파커스, 2007
95. 『명품 인생을 만드는 10년 법칙』, 공병호, 21세기북스, 2006
96. 『나는 무엇을 잘할 수 있는가』, 구본형 변화경영연구소, 고즈윈, 2008
97. 『프레임』, 최인철, 21세기북스, 2007
98. 『커피 한 잔의 명상으로 10억을 번 사람들』, 오시마 준이치, 나라원, 2010
99. 『유대인 대부호의 가르침』, 혼다 켄, 더난출판사, 2004
100. 『사막을 건너는 여섯가지 방법』, 스티브 도나휴, 김영사, 2005

딱 1년만 미치도록 읽어라

초 판 1쇄 2019년 09월 26일
초 판 2쇄 2019년 10월 21일

지은이 이주현
펴낸이 류종렬

펴낸곳 미다스북스
총괄실장 명상완
책임편집 이다경
책임진행 박새연, 김가영, 신은서
본문교정 최은혜, 강윤희, 정은희

등록 2001년 3월 21일 제2001-000040호
주소 서울시 마포구 양화로 133 서교타워 711호
전화 02) 322-7802~3
팩스 02) 6007-1845
블로그 http://blog.naver.com/midasbooks
전자주소 midasbooks@hanmail.net
페이스북 https://www.facebook.com/midasbooks425

ISBN 978-89-6637-715-2 03190

값 15,000원